大阪怪談

田辺青蛙

竹書房
怪談
文庫

まえがき

「大阪には怪談がないなんて人がいますが、そんなことはありません。ろくに調べもせずに言っているだけで、実際は大阪には、たくさんの怪談があるんですよ」

大阪城天守閣館長の北川央《きたがわひろし》さんからこんな言葉が飛び出した。

新聞社の取材で、北川さんから大阪城に纏《まつ》わる怪談を聞いていた時のことだった。

北川さんのお話で分かったのだけれど、大阪城には不思議な話や壮絶なエピソードが数多く残されている。

例えば、雨の日だけ石垣に浮かび上がる龍や虎の姿があったり、人の顔の形をした石が石垣にはめこまれていたり、豊臣《とよとみ》方の兵士たちの幽霊が城内で騒いだり。そうした目撃譚を大坂城代や定番《じょうばん》、大番頭《おおばんがしら》として大坂城に赴任した経験のある大名が記録として残している。

見たり触ったりするだけで、気が狂ったり死んだりする部屋が残されていた話や、大坂城内に巣くう化け物退治の話を、当時の身分のある武士たちが記録として残しているのだというから面白い。

他にも当時の話で、大坂城の爆薬庫に雷が落ちた時に大坂の中心部が爆風で吹っ飛び、大勢の犠牲者を出し、城門の扉が生駒山《いこまやま》の暗峠《くらがりとうげ》まで吹っ飛んでいき、その時、「太閤はんの祟りや」と皆が噂しあったそうだ。
これだけの怪談が伝わる城は珍しく、姫路城にも江戸城にも怪談はあるけれど大阪城と比べると数はずっと少ないそうだ。

この取材の後、京都は夏になる度に怪談や妖怪関係の本が、ずらっと出るのに大阪は少ないどころか全く見ないのは悲しいという声を聞き、この本をよっしゃ書いてみようという気になった。

そして新型コロナ・ウィルス感染症拡大の影響もある。遠くへ取材に行けないし、人に会うことも出来ず、大規模な怪談会も開けない。大阪在住なので、近くの話を書くしかないという事情もあった。
初めて出した単著の怪談実話本『関西怪談』は、実際に取材に行き、出会った人から聞いた話や、怪談会で採取した話が殆どだけれど、今回はオンライン怪談会や手紙、メールで採取した話が多い。

複数の人数で聞く怪談会も、わいわいと感想を共有できて楽しいけれど、ＺｏｏｍやＳｋｙｐｅでの取材は一対一で、家で聞く場合も多い。

その影響もあってか、怖いと感じた内容の話が以前より多かったような気がする。

中には話を聞いている間に、家鳴《やな》りがしただけでビクっと体が反応してしまったり、何度も背後を振り返ってしまった怪談話もあった。

聞くのと書くのと読むのは違うので、どこまで私が、多くの人たちから聞いた怪談話をうまく読者に伝えられるかは分からない。

大阪という土地に纏《まつ》わる不思議な話を記し、この本を手に取った方が少しでも楽しんでいただけたら嬉しく思う。

目次

大阪城の怪談

大阪城の怪談からスタートしようと思う。

私は京橋《きょうばし》在住なので、家の近所を歩くと、川向こうに立派に聳《そび》え立つ大阪城の天守閣が目に入る。気分が沈んだ時も、遠目にもきらきらと光る金の虎と緑の屋根が見えると、ちょっと前向きになれる。

そんな大阪城に雨の日、新聞社の記者さんと天守閣で北川央さんとの取材のために向かった。普段なら大勢の観光客で賑わっている筈なのだが、その日は生憎《あいにく》の天気とやはりコロナ禍の影響もあってか、人影はまばらだった。

大阪城天守閣内にある一室に入ると早速、館長の北川央さんが現れ、色々な話を伺った。その中で、一つ驚いてしまったのが、大阪城に曰く付きの物を持ち込んでくる人がいるというお話だった。

どんな品がというと、たとえば絵巻物。大坂の陣の激闘の様子を描いたものや、幕末に京都で頻発した天誅事件で首が晒された様子が描かれており、いずれも触ると祟りがあると言われ、家に置いておいても気持ちがわるいので引き取って欲しいと言われたとのこと。

また所蔵品の中には、江戸時代の幕府の首切り役人が実際に首切りに使用した刀もあるそうだ。

そうした物があるからなのか、どうかは分からないが、警備のスタッフから、誰もいない展示室から話し声が聞こえると言われたことがあるらしい。

関ヶ原の戦いで西軍敗北の原因の一つを作った武将の小早川秀秋《こばやかわひであき》の肖像画に話しかけられ、仮眠をとれないと、苦情を訴えてきた警備員もいたそうだ。

また大阪城内には、発掘された豊臣時代の石垣遺構を保存している空井戸状の施設があり、いつの間にか、しめ縄が張られていることがあるという。

かなり気を付けて警備の人たちが何か変化や不審物は無いかと城内を見周りをしているそうなのだけれど、いつの間にか警備の隙をついて、井戸にしめ縄が張られてしまう。

犯人は未だに分からず、誰が何のためにしているのかは不明なのだという。

他にも「怨念が渦巻いている」と言って、大阪城天守閣の周囲に日本酒を撒いて清めに来る人がいるそうだ。

この話を聞いて、四年ほど前に大阪城内を散歩していた時、和服姿の男女に「私たち、大阪城の結界を守る会なんです！」と声をかけられたことを思い出した。

なんでも徳川家康によって埋められた、豊臣秀吉の城そのものの怨念とやらが、地面から染み出していて、その思いがじわじわと大阪に悪い物を引き寄せているらしい。

それを止めるために、城の気が噴出している場所にしめ縄を張っているのだという。

彼らが大阪城の警備の目を盗んで、しめ縄を井戸に張っているのかどうかは不明だけれど、ともかくそういう団体の人たちはいて、今まで三回ほど声をかけられている。

メンバーの顔が毎回違うような気がするので、かなりの人数の大きな組織なのかも知れない。


これは、大阪城での取材が終わってからしばらく経った日に、オンライン取材で、大阪に四十年以上住んでいるという川原さんから聞いた話になる。

「大阪城の敷地内に、秀頼《ひでより》・淀殿《よどどの》ら自刃の地と記された石碑があって、そこをさらに奥に行くと柵で囲われた古びたコンクリート製の階段があるんです。

周りにどんなに観光客がいても、いつもその場所はひっそりしていて、以前からそこは異世界みたいな雰囲気があるなあって感じるんです。

三十年ほど前の話なんですけどね、そこの石段に強く頭をぶつけて自害を試みた人がいたんです。血を吹き出しながらね、額を何度も何度も石段にぶつけ続けてたね。

私と近くにいた人が一緒に驚いて、ガンガン頭ぶつけてる人に走り寄って、何してるんです！　って聞いたんです。

そしたらね、その人、誰かに、そうしないといけないって石段の上におった女性に何回も言われたから……って答えるんですよ。石段も血でぐちゃぐちゃで、もう凄い姿でしたよ。

それをね、私、今も夢に見るんです。だからあそこは、よう近寄りません」

そう言って、画面越しに見える川原さんは、自分の体を両手で抱きしめて身震いしていた。

鵺塚

仁平《にんぺい》三年（一一五三年）、京都御所の屋根の上から、夜な夜な不気味な鳴き声が聞こえてきた。

声に悩まされていた近衛《このえ》天皇は、源《みなもとの》頼政《よりまさ》に声の主を退治するように命じた。頼政は弓の名人だったので、闇の中で声の向きを頼りに矢を放った。

翌朝、頼政が見てみるとそこには、頭は猿で胴は狸、手足は虎で尾は蛇という化け物「鵺《ぬえ》」の死骸が横たわっていた。

鵺の死骸はうつろ船に乗せられて淀川《よどがわ》に流された。死骸はやがて当時湿地帯であった沢上江《かすがえ》に流れ着き、祟りを恐れた人々によって葬られたという。

それが現在、大阪の都島《みやこじま》区内の商店街の片隅にある鵺塚の由来だそうだ。

妖怪好きな人たちの間では、知られているスポットで、元は母音寺《ぼおんじ》の敷地内にあったそうなのだが、移転されて現在の場所に落ち着いた。

私の家の近所にあるので、買い物ついでに鵺塚に立ち寄ることがある。

いつも掃除が行き届いていて、小さいながらも地元の人たちに大切にされているのがよく分かる場所だ。


ある日のこと、スーパーで食料品を買ったついでに、鵺塚に行った。

すると、作務衣《さむえ》姿の初老の男性が塚の中で座して扇子でパタパタと体を扇いでいた。

男性は私と目があうと、ちょいちょいと手招きした。

「ここ鵺塚やねんけど、知ってるか？」

「一応知っています」

「なんや一応て、ここに鵺っていうお化けが葬られてんねん。ちょっとこっちおいで」

男性の指示する塚の後ろに回った。すると男性は石の土台を指さした。

「塚の土台がな、下から上にかけてビッキビキに罅《ひび》割れとるやろ」

見ると確かに石の台座の下から上に向かって、枝のような罅が沢山はしっていた。

「これ、石の下から何か出ようとしとるんやろね」

「出るって言ったら、鵺でしょうか……」

「そうなんとちゃうかな。ほら、鵺塚ってここ以外にも芦屋《あしや》とかにもあるやろ。多分死んでも復活したり、這い出たりして、なんべんも倒されたんとちゃうかな。この石な、ちょっとずつ毎年、形が変わっててんのよ。俺にはこの石の形がな、こう鵺がしっぽを掲げて体をくの字に折って飛びかかろうとしているように見えるんやけど。

それとな、お前、ちょっとここ見てみ。外のブロック塀の石やけどな、半分色違うやろ。普通灰色やのに、ここだけ赤黒くなってるの分かるか？」

近寄って見ると、確かに石垣の一部が変色していた。

「戦争の時に焼夷弾で大きな火事になってな、この辺り全部焼けたんやけど、この塚は塀の一部を焼いただけで平気やったらしい。そん時の火事のせいで色が変わったんや。

でな、おっとろしい話があんねん。塚をなあ、なんべんか別の場所に移そうって話があってな、移動させようとしたら酷い目にあったヤツがおるんや。過去二回、移転があって、その後にもっかい動かそうかって話が出てん。

昭和の半ば頃やねんけどな、移動させよる話に関わってたもんの一人がな、車に腕をバーンと取られて吹っ飛んだんや。昔の話やからな、ひき逃げでも犯人捕まらんかった」

「でも、それって鵺と関係あるんでしょうか？」

「聞いた話やけどな、腕が飛んだ後に病院で麻酔打たれてる時な、その人が、バケモンが上から見よる。バケモンが見よる、あれは鵺やなと言うとったらしい」

それからその男性の話は最近の政治の話題に変わってしまったので、私は適当なところで切り上げて帰った。

鵺塚は今も都島区の商店街の片隅にあり、慰霊祭も行われている。

鵺塚を移動させようとした祟りについては、別の日に塚に行った時に、掃除していた人に聞いたところ、昭和三十三年頃に現在の場所に持ってきた時に、何かあったらしいとは聞いたことがあるけれど、具体的には分からないということだった。

明治の移転時には、塚にいたずらをしようとした人がいて、その時急に辺りに悪いことが沢山起こったらしいけれど、それも詳細は不明だと聞いた。

『関西怪談』を執筆していた頃には、実際に「鵺」のような化け物を見たという人にも出会ったことがあるので、この先も定期的にこの塚を調べていこうと思っている。

ごて地蔵

移動させようとすると障《さわ》りがあるモノの話は、大阪に沢山ある。

例えば、他の怪談本の中でも書いたことがあるけれど、梅田《うめだ》の駅から少し歩いた所の、曽根崎《そねざき》警察署にある「ごて地蔵」がそうだ。

梅田はもともと湿地帯を埋め立てて田畑にしたので「埋田」と呼ばれていた。

だがそれだとイメージが悪いからということで、埋を梅に変えて梅田としたらしい。

そんな梅田にあるごて地蔵、「ごて」とは「ごねる」――不平不満を言うことや、難癖をつけることを指す。


昭和四年、伝染病が大阪市内で大流行した時に、不動寺の住職が「この地に埋没放置されている地蔵尊がある、奉祀せよ」と宣託を行ったので、町内の人たちがほんまかいなとぬかるんだ地面を半信半疑で掘ったところ、小さなお地蔵さんが土中から出てきた。

それを見て、町内の有志が祠《ほこら》を作り地蔵尊をお祀りしたところ、伝染病の流行も下火になり、これは霊験あらたかだと評判が広まり、祠には花や線香が常に供えられるように

さんだから来ましたと言って拝んでる人がいましたよ」

私も気になったので、この本が売れるようにと、その話を聞いた後にごて地蔵にお願いしに行った。私の身には何も起こっていないので、今のところ「ごて」られてはいないようだ。

たたり地蔵

大阪市内の川沿いにある地蔵堂でこんな話を聞いた。

詳しい場所は伏せてほしいと言われているので、明記はしない。

その地蔵堂には賽銭箱もなく、お堂には二つの南京錠が取り付けられている。

由来書きもないのに、何故か近隣に住む人はその地蔵を拝むと「祟る」と言われていることを知っている。

私も大阪のお地蔵さんを調べている郷土史家の方から「あそこの地蔵さんは祟るからな、拝んだらあかんねんで」と話を聞いていた。

気になったので、その地蔵堂を管理している町内会の方に聞いたところ、実はもともと「たたり地蔵」ではなく「たたみ地蔵」と呼ばれていたことを知った。

いつ、どうして「たたみ」が「たたり」になったのかは不明だそうだが、たたみ地蔵と呼ばれるようになった理由は教えてくれた。

「ここでペスト（黒死病）で亡くなった人が使ってた畳を積み上げて、焼いていたんです。

その横にね、慰霊をかねてこの地蔵堂を建てたんですよ。

ペストにかかった人の吐瀉物や血やらが畳にまで染み透って、真っ黒になったらしいですね。

明治期のペスト大流行で、患者数が一番多かったんが、大阪なんですよ。聞いた話やし、昔の記録やから間違ってるかも知れんけどね、地蔵の建立には当時の遺族や医療関係者も関わったらしいです。

で、知ってはるやろうけど、明治政府は青山胤通《あおやまたねみち》と北里柴三郎《きたざとしばさぶろう》の二名をペストが流行し出した時に、海外に派遣して調査と原因究明と、日本への感染拡大防止を命じたんです。

でもペストは結局、日本に入ってきた上に感染が大きく広がってしまってね、国民総動員で疫病と戦うことになったわけです。

知ってます？　最初に国内外の伝染病の研究所に、個人で投資したんは福澤諭吉《ふくざわゆきち》でね、北里柴三郎に資産を随分とつぎ込んだそうですよ。『北里を殺してはならぬ』と言って感染症は研究者の感染防止策も重要やと言い張ったらしいですね。流石《さすが》、一万円札の人ですね。

そのかいがあったかどうかは不明ですけど、大阪は感染者数も多かったからか、ペストは鼠《ねずみ》と飛沫感染やというのが割と早いこと、みんなの共通認識になったみたいです。

だから集めてね、感染を広げないように、畳や遺品に触れんようにと伝えてここで燃やしてたんで「たたみ地蔵」――それを誰かが「たたり地蔵」と聞き違えはったんと違うかな。

畳は積みあがってね、とんど焼きの塔みたいになっとったそうですよ。当時は、周りに高い建物もないから、燃える様子は遠くから見えたやろし、目立ったんと違うかなあ。その横に名もないお地蔵さんがいたら、まあ誰かが名付けなくっても「たたみ地蔵」と呼ばれて不思議やないでしょう。

でも、このお地蔵さん拝むと良くないことがあるっていうのはホンマでねえ、私もよう手を合わせません。町内で、冗談で手を合わせたり拝んだりした人がおりましてね、やっぱりちょっと良くないことが起きたんですよ。

どういうことかっていうと、人によって色々とあって言いにくいんやけど……。まあ、わたし自身だけの話をしますとね、犬の散歩で歩いてたら、なんもない場所でズザーって転んでね。

もう、痛くて痛くって、家に帰ってズボンを捲《まく》ってみたら内出血で足が黒くなっててビックリしまして。そりゃペストになったような黒い色とは違うけれど、これは、と怖くなってしまいまして。

本当はこういうご時世になったから、伝染病の記憶や記録ということで、一般の人にも知って貰った方がいいから案内板でも作ろうかって話も出てるんですけど、どうもね、拝む人が出てきたら困るなっていう気持ちもありまして。

だから、感染症関係の記録として、こういうお堂がありますよということは書いていただいて構いませんが、場所とか細かいことはね、特定されないように変えてください」

固く閉じられたお堂は、今日も人の行きかう路地の途中に佇んでいる。

京橋駅の幽霊

大阪で怪談を集めていると、戦争に纏わる話も多く耳にする。

昭和二十年八月十四日。終戦記念日の前日、午後十二時半頃に空襲警報が鳴り響いた。京橋駅のホームには多くの乗客が空襲警報を聞いて避難していた。

そして丁度、城東線《じょうとう》（現・大阪環状線）の上りと下りの電車二本が京橋駅のホームに差し掛かったところ、B29爆撃機から投下された一トン爆弾が続けざまに六発落下し、列車内とホームに避難していた乗客らに直撃してしまった。

この空襲による身元が判明している人だけで二百名以上、他にも六百名を越える身元不明の犠牲者が出た。名前や血液型や住所を記載した名札を皆が衣類に縫い付けていた時代だったにもかかわらず、身元が判明したのがこの人数だけだったのは、それだけ遺体の損傷が激しかったことを意味している。

現在も、京橋駅では夏に空襲の慰霊祭が行われている。きっかけは、終戦から十年ほど経った頃、当時の京橋駅長から「夜に幽霊が出て困っているので、犠牲者の霊を鎮魂してほしい」という申し入れが近隣の寺の住職にあったからだという。

怪談作家の中山市朗さんと雑誌の取材で京橋界隈の話を収集していた時に、今も京橋駅で幽霊を見ると言う人がいることを知った。

それは駅のホームで、蹲《うずくま》っているような姿勢をしている、影のような塊が幾つも浮かんでいて、近寄るとふっと消えるのだそうだ。他にも、防空頭巾を被った子供が、じっと時計を見上げる姿勢で立っている姿を見かけた駅員さんもいたという。

そして、決まってそれらを見るのは空襲のあった八月の夜だったそうだ。

ガチャッ

大阪環状線のS駅近くにあるラブホテルであった話だそうだ。

Aさんは天神祭の帰り、彼氏とラブホテルに入った。

人混みの中を長く歩いていたこともあり、先にお風呂に入りたいとAさんが言うと、お湯がたまるまでの時間が勿体無いから、彼氏が一緒にシャワーを浴びたいと言った。

服を脱ぎ、シャワーを浴びながら二人でいちゃついていると、ガチャッとドアノブが回る音がした。

シャワーの水音越しでも聞こえる、それは大きな音だったらしい。

「誰や！」

彼氏がシャワーブースの中から声をかけても、相手は何も言わない。

ドアをちゃんと閉めてなくて誰かが間違って入って来た？　それとも店員の嫌がらせだろうか？　そんなことを思いながらAさんは彼氏の後ろに隠れ、タオルを素早く体に巻き付けた。

ごそごそと人の気配がし続けていたので「シャワーに入っているところを見計らって

入って来た物盗りかも知れへん。警察に電話したいから先に出る。お前はここにおり」と言って彼氏はパンツだけを素早く穿いて出て行った。

そして、すぐに戻って来た。

「誰もおらんかった。扉の建て付けが悪いんか、ここ壁が薄いんかな？　隣の部屋の音が聞こえて来ただけかも知れへん。ビビって損した」

再びシャワーを浴びてから、ベッドに腰掛けると、ガチャッとドアノブが回って入り口のドアが開いた。

二人してドアの方に顔を向けると、グレーのスーツ姿の男が入って来た。

「なんやお前！」彼氏が怒鳴ると、スーツ姿の男は「すいません」と小さな声で謝り、すたすたと歩いてトイレに入って行った。

彼氏が怒り心頭でトイレのドアを開けると、そこには誰も居なかった。

流石《さすが》に気持ち悪くなり、Aさんと彼氏は服を着てチェックアウトすることにした。

「なんか納得出来へん。幽霊出る部屋に通されたんやったら許せへん。俺、フロントに文句言うとく」

怒りの収まらない彼氏は、受話器でフロントにいきさつを話したらしいのだが、二人でクスリでもやっていて幻覚でも見たんだろうと、全く取り合って貰えなかったらしい。

ガチャッ

だが、後日インターネットで調べたところ、そのラブホテルの以前の経営者が、ネクタイで首を吊って亡くなっていたという情報を見つけた。

それだけではなく、事故物件を集めたサイトで検索してみると、二人が利用したラブホテルで首吊りを行った人が、複数いたことが分かったそうだ。

そのラブホテル、実は私が以前勤めていた会社の隣に建っていた。窓の灯りが四六時中点滅していたり、黒い紙が貼られている窓があったりと、少し気になる物件だったのだが、現在は建て直されて、普通のビジネスホテルになっている。

地蔵盆の夜に

私が住んでいる町内には、二体の地蔵尊が祀られている。

一つは「焼け跡地蔵」と呼ばれている、空襲後の焼け跡から掘り出された地蔵尊で、もう一体は空襲時に忽然と路中に現れて、身を挺して爆風から逃げ惑う人を庇《かば》ったという話と、お堂の場所で風向きが変わり、避難してきた人たちが炎に巻かれず助かったという話が伝わっている地蔵尊だ。

うちの町内は子供会が地蔵尊を守り、地蔵盆を取り仕切っている。

三年ほど前、近所の公民会での集まりで、地蔵盆でどんな屋台を出そうかと話しあっていた時、内科医のTさんから、こんな話を聞いた。

「私、実はここでお祀りしているお地蔵さんが嗤《わら》ったのを聞いたことあるんです。幼稚園に通っていた頃、地蔵堂でかくれんぼしていたら、急にお堂の中から、あーっはっはっと嗤い声が聞こえてきて。隠れているのに煩《うるさ》いなあと思って顔出してお地蔵さん見てたら、しばらくしたら知らんおばさんが来てね、お堂の前でパアン！　と手を叩いたんです。

そしたらピタリとお地蔵さんの嗤い声が収まったんです。あの時は子供だったから、お地蔵さんが嗤ってたの不思議に感じなかったんですが、大きくなるとちょっと怖く感じてね。

小学生時代は、地蔵堂の前は足早に走って見ないようにしてたんですよ。

でも、なんか昔話みたいでええかなって大きくなってきたら思えてきて、今は大事なお地蔵さんやから世話もちゃんとせなって思ってます」

地蔵堂は公園の片隅にあり、子供が隠れる格好の場所になっていて、私の子も公園でかくれんぼをする時には、そこによく隠れている。

私も子も今のところ地蔵尊の嗤い声を聞いたことはないけれど、いつも静かに微笑んでいらして、何か言いたげな口元をしている。

青い髪の女性

福島区の飲食店で働いている川口さんから聞いた話。

森《もり》ノ《の》宮《みや》駅の辺りを一人でぶらぶらと歩いていたら、真っ青に髪を染めた女性に声をかけられた。

「ちょっとあんた」

落とし物でもしたのかな？　と川口さんが振り返ると、青い髪の女性に急にガッと肩を摑まれた。

口臭がきつく、爪のエナメルはラメ入りの青で、どれも剝げかけていた。

「あんた、あたしの家にこれから来ない？　泊まってもいいのよ」

川口さんが丁寧に断ると、中指を立てて「ユーはいくじなしね‼」と言われた。

家に帰って郵便受けを開けると、ぐちゃぐちゃに丸まった紙が入っていた。

その紙を広げてみると「いくじなしのユーへ」と青いインクで書かれていた。

そして、玄関で靴を脱ぐと、中に三センチほどの長さの紙が入っていて「おどろいたユー？」と同じ筆跡で書かれていた。

新世界の真剣師

大阪市内にあるK大学で教鞭を取っている、N先生から聞いた話。

僕大学生やった時にね、新世界の真剣師とよう打ってたの。負けることもあったし、勝つこともあったよ。トータルの金額はプラマイゼロくらいかなあ。

面白かったよ。いろんな人おったからね、ほんまもんのヤクザもおったし、代打ちもおった。大学出たら全く行かんようになったけどね。

もう今考えたら、映画の中の世界みたいやったなあ。紫煙の中の真剣勝負。指の足り無いもんもおったし、将棋で全財産擦《す》ったと言ってる人もおった。鬼加賀と呼ばれた加賀敬《かがせい》治《じ》と勝負経験ある人もおったしね。

そん中で、僕が一番覚えてるんはトンさんやね。本名は知らんかったなあ。

負けそうになると、色んな手使うてトンズラしようとするんよ。だからトンさん。

ただ走って逃げることもあれば、狭いトイレの窓から身を捩って出て逃げたり、酷い時なんか腕をこうクロスさせてバーン！　って扉のガラスぶち破って逃げたりね。

まあでも勝負無しになること多かったけど、妙に人として愛嬌があるというか、憎めない人でね、当時若造やった僕にもようしてくれたし、金もないのに煙草おごってくれたりしました。

でもねえ、何が原因やったんか知らんけど、ある日突然ねえ、トンさん死んだと聞いたんです。

当時は衝撃というか、かなりビックリしてしまって。いっつも元気そうに見えたからね。まあ、めちゃくちゃやってた人やし、ああいうタイプは長生き出来るわけあらへんって今なら分かるんやけどね。

で、みんな、トンさんが死んだって知らせ聞いても、あんまり悲しんでる人がおらんでね。

酷いヤツやったなあ、言うことばっかりいつもでかくって、とかそういう悪口ばっかり言うてたの。その日も将棋打ちながら、トンさんに幾ら貸してたとか、そういう話で盛り上がってた時にですよ、バチィッと駒を打つ音がして、窓から千円札がひうっとね、舞い込んだんです。

その場におった誰かが千円札をパッと手に取ってね、こんなん利子の足しにもならんぞ！　って怒鳴ってね。トンさんがあの世から運んできた千円札やし、黙って取っときって言う人がおったんです。

それ以来かな、トンさんの悪口言ったらバチィッ！　て駒の音がするようになったらしいけど、そんなカッコつけてバチバチ鳴らす元気あるんやったら、借金を早く全額返さんかいって、みんな言うようになってね。

そんな風に答えたせいかな、しまいに音せんようになってしまったんです。多分、借金を返す当てがなくて、決まり悪くて化けて出て来られんようになったからちゃうかな。

カッコつけやったらしいからね、トンさん。

うん。見た目だけは凄いかっこいい人やったよ。打ってる時は映画の主人公みたいに見えたもん。

だから弱いし、大きなことばっかり言う人だったけど、みんなカモにするわけでもなく、トンズラ何べんされても、対戦相手にしたがったんだろうね。

かっこいい人の傍にいるとね、自分もかっこよくなったような気分になれるしね。トンさんみたいな人、今もおったら僕も会いたいもん。

天六ガス爆発

神奈川県出身で、現在天満《てんま》市場近くに住んでいる中川さんから聞いた話。


「商店街が好きだからかな、もうこの町に一目ぼれしちゃったんです。

夫と別れて子供と二人でどこに住もうかなって、出来るだけ知ってる人が誰もいなくて、生活感のある賑やかな場所に行こうって思って大阪に来たんです。

親戚も誰もこちらにはいないし、土地勘はゼロだったんですけどね。最低限の荷物だけを持って、大阪駅近くのホテルに泊まって物件探しをしたんです。

子供の手を引いて、環状線の駅でとりあえずこの辺りかな？　って下りたのが、たまたま天満だったんです。

日本で一番長い商店街という喧騒にぐっときちゃって。駅近くの不動産屋の窓ガラスに張られた物件見てたら、これだって部屋も直ぐに見つかったんですよ。

子供の預け先も決まって、仕事も見つかって、全部がとんとん拍子で、もうこの町が私のことを歓迎してくれてるみたいで嬉しくって。

関東からこっちに移って来て良かったって、本当に思ってます。むしろ、どうしてもっと早くに別れてこっちに来なかったのかなって。

でもね、一ヵ所だけアウトっていうか、私が近づけない場所があるんです。K公園って知ってます？

そこの公園だけは絶対、わたし行けないんです。滑り台とかブランコがある小さい公園で、散歩中に一度子供が行きたがったから寄ったんですけど、酷い目にあったんです。

子供が遊んでる最中に、急に全身がカッと熱くなって喉がヒリヒリと痛くて、口内がカラカラになって舌がひっついて、餅にでもなったみたいに纏《もつ》れて動かなくなっちゃって。目も痛くって開けられないほど辛くて、鼻もつーんと海水でも入ったみたいに痛かったんです。

もう顔じゅう涙と鼻水でぐちゃぐちゃになりながら、子供の手を引いてその場から離れたら、急によくなって。

だからそれ以来その公園は子供にどれだけせがまれても行かないって決めてるんです。

不思議なのは、近所には他にも公園があって、大きな広い緑地公園や遊具の充実した公園に連れて行っても、子供はここよりあの公園がいいと必ず言うんですよ。

普通、母親があんな風になったらトラウマになって行きたくないって思いそうなものなのに、うちの子変ですよね。

子供って変なこだわりがあったりするから、そういうことなんでしょうかね。

あの公園は昔、凄いガス爆発の事故があった場所なんでしょ。その慰霊碑があるとかで、ますます怖くなって。

ガス爆発で亡くなった人に憑かれて、ああなっちゃったんでしょうか。わたしちょっと憑依体質なんですよ。親戚に霊媒師がいたらしいから、その血筋なんですかね。

ふらっと漂ってる幽霊に入られることがあるんです。でも、あんな目にあったのは、あの時だけなんです」

天六ガス爆発事故についての話は、親が一時期、事故現場付近に住んでいたこともあり、小さい頃に何度も聞かされた。

昭和四十五年四月に、大阪市北区菅栄町《かんえいちょう》（現・天神橋六丁目）の市営地下鉄谷町線天神橋筋六丁目駅の建設工事現場でガス漏れが起こり、駆け付けた大阪ガスのパトロール車がエンストし、モーターを回したところガスに引火して炎上してしまった。

そして地下空間に充満したガスになんらかの理由で引火爆発が起こり、生じた爆風によって路上に敷き詰められた一枚四百キロもする覆工板が千枚以上、紙のように吹き飛ばされた。

それによって付近にいた人々は、鉄板で体を強打したり、炎にのまれたという。結果的に死者七十九名、重軽傷者四百二十名という被害が膨大な都市災害が起こってしまった。家屋の被害も甚大で、全焼二十六戸、損壊三百三十六戸に加え、爆風による軽微な被害も千戸を超えていたそうだ。

私の親が住んでいた家の窓にも爆風による罅《ひび》が入ったそうで、その日は北野病院に被害者を搬送する車の行き来や報道陣の騒ぎ、呻《うめ》く怪我人や焼けた服を張り付かせたまま蹲る人で騒然となっていたそうだ。

中川さんが感じたモノが何かは私には分からないけれど、もしかしたら実際にK公園に行けば分かるかも知れないと思い、休みの日に行ってみた。

特に変わったところのないどこにでもあるような普通の公園だったのだけれど、慰霊碑の前で今も手を合わせる人の姿を見かけた。

大阪の町のあちこちには、近代化の途中で起こった悲惨な事故や事件の記憶が今なお残されている。

泉州の玉ねぎ小屋

大阪南西部の泉州《せんしゅう》に住んでいる、山崎さんから聞いた話。

玉ねぎを熟成させるために、吊るす小屋があったんです。その小屋の中で小学校の時、かくれんぼしててね、干し首を見つけたんです。

上の棚の方から僕の手の上に、ころんっと転がり落ちて来てね、昔の怪奇漫画で見たような小さな干し首で、大きさはザボンくらい。

顔全体が皺《しわ》くちゃで、口と目が赤い糸で縫われてて、髪の毛がココナッツの繊維みたいにパサパサして縮れてたんです。

最初は作りもんかなって見てたんですが、首の断面に白い骨や神経や血管の干からびた紐みたいなのがあって、わああ、えらいもん見たって、放り投げてしまったんです。

不気味な物に触れてしまって気持ち悪かったから、手をぶんぶん回しながら走って家に帰ったら、農作業から帰って来たばかりの親父が、外で長靴の泥を洗って落としてたんです。

「お父ちゃん、お父ちゃん、小屋に干し首があった。怖い！　怖い！」って大きな声で言って、縋り付こうとしたら、あっち行けって言われたんです。

でもこっちは半分パニックやからね、もう何を言うていいのか分からんようになって、わあわあ泣くしかなかった。そして、ちょっとしてから、親父がもしかしたらと思ってくれたんか、小屋に本当にそんなもんがあるかどうか、確かめに行くって言ってくれたんです。

でも、小屋の中を探しても何も無かったみたいで、多分玉ねぎの髭を髪の毛、その皮を目や唇に見間違えたんやろって言われて、なんか腑に落ちひんなあと思いながら、夜は寝たんです。

そっから、一週間か十日くらいした時にね、僕が干し首を見つけた玉ねぎ小屋が燃えたんです。そして、親父が小屋の消火活動中にね、ふっとおらんようになったんですよ。

母親は、某国に拉致されたんちゃうかとか、女やろかとか、色々な可能性を考えながら随分捜したらしいんですけどね、今も見つかってないんです。

僕は、あの干し首が親父をどっかに連れてったんちゃうかあって言ってるんですけどね。

それ以来、うちでは玉ねぎを育てるのやめて、畑も半分売って、残りは人に貸すようにしてるんです。人に貸す時にはね、玉ねぎは植えんといて下さいって必ずお願いしてるんです。

引っ越せばいいだけの話なんですけどね、玉ねぎ畑や干してある玉ねぎを見ると怖いんですよ。僕もなんか、違う所に引っ張られてしまいそうで。

でも、明日になったらひょっこりと親父があの時の姿のままで、年も取らんと戻ってきそうな気もしてるんですけどね。浮世離れしてたところもあったから。

不幸とか不思議なことってなんか急に訪れますよね。しかもいっつも目にしてるような身近なところから。僕、そういうところから人の日常とか生活って急に壊されると思ってるんです。

アリバイ横丁の幽霊

過去に、私が主宰していた怪談会に来てくれていた、淀川区に住む橋本さんから聞いた話。

今は無いですけど、アリバイ横丁ってあったでしょ。覚えてます？　本当は行ったことがない各地の名産品が、お土産《みやげ》として買えてしまう場所。だから出張に行ってきたとか、旅行に行ってもいないのに行ったとアリバイに使えるから、アリバイ横丁。

梅田の阪神百貨店の地下にずらーっと婆さんが並んでてね。あの風景、結構好きやってんけどね、大阪らしさがあったから。でも今やったらインターネットで日本中のお土産が買えるから意味ないか。

三年ほど前なんですけどね、梅田の駅近くにＨＥＰって赤い観覧車あるでしょ。あの辺りでアプリで出会った女の子と待ち合わせしてたんですけど、結局来なくってね、すっぽかされたんです。

夏場やったし、暑い最中、熱中症になりそうなくらいの日差しの中、三十分以上待ったのに、酷いなって頭に来てねえ。なんで来なかったんかって文句のＬＩＮＥ送ったら、既にブロックされとった。

今思い出しても、腹立つ。そいで、もうしゃあないし、でも真っすぐ家に帰る気もなくって、ＨＥＰ近くの高架下でだらだら飲んだんです。

割とあの辺り未だに昭和が残ってるでしょ。大阪も最近綺麗なチェーン店ばっかりやもん、どこ行っても。個人でやってる、おばちゃんが染みだらけのエプロンで愛想なくやってるような店が好きなんやけどね。

そいで、ええ感じに酔ってきてね、お勘定済ませてぶらぶら歩いてたんやけど、気が付いたらアリバイ横丁におったんです。

あれ、ここ無くなったんと違うかなあ？　って思って、でも、普通に人通りもあったし、置いてある土産もんも、くまモンのイラストついてるのとか、ご当地キティとか、ご当地味のハイチュウとか、割と最近っぽい物が置いてあってね。

でも、なんとなく雰囲気が記憶のアリバイ横丁とちょっと違っとってね、売り子のおばちゃんらの顔が生気がないっていうか、みんな一様に暗い。

ここ潰れそうやし売り上げが立たないから、憂鬱そうなんかな、あんな表情してたら余計に売れへんでって思いながら歩いてたら、ふっとなんかねえ、えらいアリバイ横丁、長ないかって気が付いたんです。

阪急はどこや？　地上出口探そうと思って、赤いタイル敷きの道を歩いてたら、上に延びる階段が目に入ってね、おお、あっこから地上に出れるなと思ってそこに向かったんです。

で、階段の手すり持って駆け上がったら、階段の踊り場のところにね、顔が真っ黒の子供のホームレスがおってね、足元にベッとつばを吐いたんです。

カメムシと夏場のしょんべんを煮詰めたような、くぅっさい凄い臭いのつば。

もう鼻摘まんで、息止めて、地上目指してだーっと駆け上がってね、外に出たら、なんでか福島におったんです。

東西線の、福島駅の近く。いや、普通にどう考えても梅田から地下道で通じてへんし、行けない場所でしょ。そんで、もう考えるん嫌になってね、その場に座り込んだんです。したら、さっき階段の踊り場のとこにおった子供がね、駅横の英会話学校の看板に吸い込まれるみたいに、すうーっと消えたんです。

足はあったんやけどね、あれ幽霊か化け物やったんやろうなあ。

もう、長いこと生きてるけどね、あんなわけ分からん体験したん、あれ一回だけ。

アリバイ横丁の幽霊やったんか、それとも昔おったモグラ族の幻影やったんか、理由は不明やけどね。

モグラ族は、梅田の地下街を徘徊しながら住んどった人らでね。昔はようけおったんやけどなあ。

気が付いたら無くなってるもんって多いね。天王寺《てんのうじ》の青空カラオケとかも消えたし。

今見てる景色も多分、気がついたら消えてるんかなあ。幽霊も自分がもう生きてへんのやって気が付いてへんのやろか。

入院中の話

これは私が三週間ほど、吹田《すいた》市にある大学病院に入院していた時の話。

病室には八つベッドがあり、常に半分以上が埋まっていた。

私はドアに一番近い場所のベッドに寝ていて、ぽたぽたと垂れる点滴の雫を眺めながらぼんやりと日々を過ごしていた。

ある日のこと、手術の痕が熱を持ったように熱く感じて、痛み止めも鈍くしか効いてくれず、さっぱり眠れそうになかったので、看護師さんについ「何か怪談はありますか？」と聞いてしまった。

看護師さんはにっこりと微笑んで「えーっと怪談ですか？　聞いたことないかなあ。あっでも、ここの病院を建てた時に、古い人骨が沢山見つかったみたいですよ。でも私、一度も幽霊は見たことないです」と言って、手際よく点滴の薬剤の入った袋を取り替えると、立ち去ってしまった。

だが、ある朝、診察に来た医師が、こんな話をしてくれた。

「なんか怖い話とか聞いたり書いたりすんの、好きなんやて？　僕ねえ、一度病院内でトーテムポール見たことあるよ。体を左右に揺らしてのしのし歩いてて、えーなんでやろうって思った。他にも、目の大きいビーズの人形が、カーテン揺らして遊んでるの見たことあるって人がおったりしてね、近くにみんぱくあるでしょ、国立民族学博物館。あそこから、なんやここって気になって、見に来たりしてんのかなあって思ってる」

「それ、見て怖かったですか？」

「いや全然。なんでやろう？　おっかしいなあって感じたくらい。ああでも、万博公園あるでしょ。あそこ通るとたまに幽霊を見るって学生や患者さんおるよ」

医師とのやりとりを聞いていたのか、その日から同室の患者さんが色々と不思議な体験を話してくれるようになった。

隣のベッドにいた人は手術後、麻酔が覚めて目を開けると、モアイの石像が自分を見下ろしていたらしい。

麻酔後は幻覚を見ることがあると聞いていたので、慌てず驚かずにしげしげと珍しい物を見ているなあ、幻の割にはリアルやなあと、自分を見下ろしているモアイ像を観察していたそうだ。

そして同室の別の患者さんからは、こんな話を聞いた。

「私、通院してた時に万博公園を散歩すんのを毎回楽しみにしていたの。お薬貰ったあとに、ちょっと今日もお散歩行こって公園に向かったら、首から上が無い作業着姿の男性が、どんどんと太陽の塔を拳で叩いていたの。固いコンクリートで出来た塔やのにね、痛くないのかなあってそれを見てて心配になってね。最初は何か大道芸か手品やと思ってた。でも、見てても痛々しいだけで面白くないし。それに、周りには多くの人がいたのに、誰もそこに目を向けてないし、騒いでいなかったから、きっと見えていたのは私だけだと分かって。これは、頭がおかしくなってしもたんとちゃうかって、凄く不安になって、病院で調べて貰おうかどうかって悩んだこともあってん。前にお医者さんの話を聞いて、少し安心した。お医者さんでも、変なもん見ることがあって、あっけらかんとしてんねんから平気やねんなって」

と、微笑んで蜜柑《みかん》を一つくれた。

天満橋の某デパートに纏わる話

天満橋《てんまばし》にある某デパートに、以前お勤めだったというTさんからZoom取材で聞いた話。

機械音痴の私が、ネット上で取材が出来るようになったのは、Tさんが色々と教えてくれたおかげだ。

京阪の天満橋駅の傍にあるそのデパートは、川沿いに建っていて、何故こんな作りにしたんだと、客が不思議に思う場所が多い。

元あった建物に改装を繰り返したからかも知れない。

そんな某デパートには、エレベーターでしか行けない地下三階に、倉庫があった。

利用出来るのは店員や関係者だけで、奥行はかなりあるのだけれど、中二階の構造になっており天井までの高さが百二十センチほどしかない。

当時、その場所に新入社員は荷物を取りに行くという根性試しがあった。

普通は二人一組になって行くらしいのだけれど、Tさんとペアで行く予定だった人が、急に休みになってしまったために、一人で荷物を地下三階にある中二階まで取りに行くことになってしまった。

エレベーターのドアが開き、中二階の倉庫の中で、Tさんが背を屈めながら奥にある荷物の場所に進もうとすると、パンっと音がして照明の電球が切れた。

流石に真っ暗な中、物だらけの倉庫で作業は出来ないので、一旦近くにあった買い物かごを手に取り、エレベーターに戻った。

そして、エレベーターのドアに扉が閉まりきらないように買い物かごをストッパー替わりに挟み込んだ。そうすれば、エレベーターから漏れる灯りで作業が出来る。

時々、エレベーターの扉が買い物かごを挟む「ガッチョン」という音を聞きながら、身長百五十センチ台のTさんは、中腰の姿勢のまま薄明かりの倉庫の中を手探りで先輩に指示された荷物をなんとか見つけ出した。

やっとこれで帰れると思ったところ「ガッチョン、ガッチョン、ガタン」と音がして、買い物かごが倒れてエレベーターのドアから外れ、急にまた真っ暗になった。

仕方なく、エレベーターの方角に見当を付けて、荷物を手に転ばないように気を付けながら戻ろうとすると、後ろから「Tさーん!」と声がした。

聞き違いかなと思って進むと、「Tさーん!」とまた名前を呼ぶ声がした。振り返っても闇の中で全く何も見えない。

先輩の誰かが隠れて自分の名前を呼んでからかっているんだろうか。そう思いながらTさんはエレベーターに向かって歩き続け、壁に手が当たったので、手探りでエレベーターの呼びボタンを探して押した。

「Tさぁーん」

今度は、声が頭の真上から聞こえた。中腰でも頭が当たってしまうほど低い天井だ、当然頭上に隠れるスペースなんて無い。

Tさんは血の気が失せ、怖くなったのだけれど、逃げる場所も無く、じっとその場でエレベーターを待つしかなかった。エレベーターが降りてくる音がやけに遅く感じ、Tさんがその場に待っていると、また名前を呼ばれた。

モーターの回転軸の音がして、やっとエレベーターが来て扉が開いた時は大慌てで飛び乗った。

すると、そこには同僚がおり、戻ってくるのが遅いTさんを心配して迎えに来たそうなのだけれど、ただ事ではない雰囲気のTさんを見て、何があったのか訊いた。

一連の出来事を説明すると、ここは声が出るからね……と言われたらしい。

この手の話が沢山あるという天満橋の某デパートなのだが、不思議なことに三階から下の階でしか奇妙なことは起こらなかったらしい。

それはそのデパートで働いている他の人も共通の認識で、Tさんも七階の売り場で働いていた時は特に何も無かったらしい。

そんな彼女が異動で、三階で働くことになった時の話だ。

北東に設けられた小さな催事場の付近の窓の外から、わあわあという歓声と花火の音が聞こえて来た。

天神祭が近いこともあったので、その予行演習で花火でも上げているのだろうと思った。

しかし、川沿いに目を向けても誰も騒いでいる人はいない。

それなら、今聞こえているこの音はなんだろう？　Tさんが不審に思うと、同じ音を聞いていたのか、同僚が言ったそうだ。

「ほら、今日は大阪大空襲の日だから」

そこで、これは歓声でなく悲鳴と砲撃の音だと気が付いたということだった。

Tさんが語るそのデパートに纏わる話はまだまだ多くあるので、いつかまた別の機会に披露したいと思っている。

まめだぞろぞろ

中崎町《なかざきちょう》の画廊で知り合った、古い家にお住まいの土井さんから聞いた話。

古い家には小さい狸、豆狸《まめだ》が憑いてることがあるんです。

僕が住んでる家も、空襲で焼け残った古い家やからか豆狸がおったんです。近くに地車《だんじり》稲荷があるから、その眷属《けんぞく》やったんかもしれません。

北区の南森町《みなみもりまち》駅からちょっと歩いたところに、堀川戎《ほりかわえびす》神社があるでしょ。そこにある地車稲荷神社は、地車吉兵衛《きちべえ》っていう老狸の霊を祀った社なんです。お稲荷さんなのに狐じゃなくって狸なんですよね。

お爺ちゃんから聞いた話なんですが、老狸吉兵衛は非常に陽気な性格で、夜中になると地車囃子《ばやし》を真似た音を豆狸たちの前で披露してたそうなんです。

だから社の前を夜に通ると、楽し気なお囃子が聞こえてきて、ああ狸がまたやっとるなあと思ったみたいで。

それでだんだん調子に乗ったのか、老狸はやがて季節を問わず、どこからともなく、チンチコ、チンコンコン、チキチンコンコンって地車の囃子の音を出すようになって、時々家の前を掠めて音だけが通り過ぎて行ったこともあったようです。

天神祭りが近くなると、あちこちから本当のお囃子が聞こえてきたりするから、老狸も嬉しかったんでしょうね。七月になると、地車稲荷の方ではちらちらと赤や青の妖しい陰火が揺れてるのを見たって話も聞きました。

子供のお願いをよく聞いてくれるよっていう噂でね、願いが叶うと今でも夜に地車囃子が聞こえるそうなんです。

願いが叶ったらね、老狸吉兵衛へのお礼に小さな地車の模型や、可愛らしい狸が地車を曳いてる図柄の絵馬を奉納したりするんです。

そんなん聞いても昔は嘘やって思ってたんですけどね、堀川戎神社の横のひっそりとしたお社で手を合わせてた後にね、狸の神様なんて今はおらんやろって言うたら、風もないのに木がざわざわ揺れて、あれはビックリしました。

他にも、家で「見てみいや」ってお爺ちゃんに言われて床下を覗き込んだらキラキラと光る五百円玉くらいの目玉が幾つもあって、翌日唐揚げ弁当の唐揚げだけが抜かれてたんですよ。

いや揚げたてを弁当に詰めて、ちょっと目を離した数秒でですよ。あれは人間の仕業やないですね。

爺ちゃんが家族旅行の前の日に、最近ゴキブリがようさん出るからって、燻煙式の殺虫剤を焚いたことがあったんです。

そんで旅行から帰ってきたら「お隣さんからお宅の家からなんや、黒いもんがぞろぞろって出て来たん見たよ。子犬にしては変やしイタチかなんか分からんけど、ざわざわえらい沢山おったで」って言われて。

ああそうや、うちには豆狸がおったんや、悪いことしたなあって。そんなことをしてしまったせいか、最近はさっぱり豆狸を家で見ないんですけどね。

でも、うちの息子がまめだ、まめだ、って呼びかけると、家の中に飾ってある十日戎の笹がね、たまにガサガサ鳴ることがあるんで、見えないだけでまだおるんかもしれません。

茶屋町怪談

MBSラジオの人気番組「茶屋町怪談《ちゃやまち》」の出演依頼が来た。

出演者の皆さんが豪華で、そのうえ私は緊張するとテンパって、どもる癖があるので、どうしようかなと思っていたところ、某怪談師さんから「田辺さんは意外と図太いし無神経だから大丈夫ですよ。そもそも出たがりじゃないですか」と言われたので、それもそうだなと出演を快諾した。

収録場所は、番組名にもある通り茶屋町なのだが、東京に置き換えるとどこになるだろう？　青山とかその辺りだろうか。

ともかくお洒落で、カフェや若者向けの服屋があって、空気まで大阪らしくないというか、なんとなくハイソな雰囲気が漂う地域なのだ。

そんな場所に建っているMBS放送局の近くに、赤い前垂れをかけたお地蔵さんが祀られている。

どこからか移転されたのか、四角いブロック塀のような社《やしろ》に六十センチほどのお地蔵さんで、私が見た時は、切りたての生花が沢山供えられていた。

由来が気になったので、色々と調べてみたのだけれどハッキリしなかった。

知り合いの郷土史家の人に聞いてみたところ、焼け跡から発見された焼け跡地蔵で、普通そういったお地蔵さんは、開発があると近くのお寺か、どこかに移動されることが多いけれど、ごて地蔵のように移動させると祟りや障りがあると、その場所に留まるケースもあるということだった。

ラジオ局の人にも聞いてみたところ「あれ？　そんなところにお地蔵さんなんかありましたっけ？」という返事で、詳しいことは分からなかった。

このお地蔵さんが気になるのは、設置されている場所のことだけではなく、もう一つの理由はブロック塀で作られた四角い箱型の社の上で、ふるちんの男性が読経しているのを見かけたことだ。

それは、二十年ほど前の冬、妹の買い物に付き合わされてNU茶屋町に行った時のことだった。

地蔵堂の上で、赤い布を首に巻いた全裸の中年男性が、般若心経を大きな声で唱えていた。顔は必死の形相に近く、声も絶叫に近かった。

だが、不思議なのは場所が場所だけに、すぐに警備員か警察官が駆け付けそうなのだが、誰も来ない。それだけでなく、近くを歩いている若者やカップルも別に騒いでいないし、なんやあれ？　と指さしてもいない。

見えているのが、私たち姉妹二人だけなんだろうかと不安に思いながらも、その場を後にした。

そんな次第で、お洒落な町・茶屋町ではあるのだが、私の場合、地名を聞いてまず連想してしまうのが、その変質者っぽい人と地蔵堂のことなのだ。


最初は番組でも、茶屋町が舞台のこの話をしようかなと思ったのだが、怪談ではないなと思い、結局別の話をすることに決めた。

そして、収録後、藤林温子アナウンサーから、田辺さん何か感じませんか？　というようなことを言われた。

意味が分からなかったので「?」となったのだが、彼女には私に何か憑いているのが見えたらしい。ちなみに藤林アナウンサーは第三の目を持つと噂されるほど、視える人だ。

その憑いているもののせいかどうかは不明だけれど、帰りの電車で改札を出ようとすると定期券を失っていることに気が付いた。

「ついてないなあ」と呟くと「ちゃうで」と背後から、というより真後ろから囁かれる声を聞いた気がするが、慣れないラジオ出演の緊張による空耳……だったということにしておきたい。

それ以後、何か聞いたり、特に何かあったりはしていない。ちなみに定期券は、着ていたコートのポケットの中から翌日出て来た。駅の構内でさんざん探したし、何度もポケットの中も確認していたので、その点だけが腑に落ちない。

読経

これは私の体験談になる。

オールナイトの怪談イベント明けで、環状線の駅のベンチに座って電車を待っている間に、つい眠気のせいでウトウトしてしまった。

時間にすれば数分だろうか、誰かがトタトタと足音を立てて私に歩み寄って来るのを感じた。

眠気と疲れのせいで体も頭も殆ど働かず、椅子に座ったままじっとしていると、お経が聞こえてきた。

どうやら、誰かが私の頭上で手かざしをして読経しているようだった。

時々頭に手が触れ、かなり間近で唱えられているようで、吐息も感じた。

流石に眠気も覚めてきたので、寝たフリを続けながら、薄目を開けて目の前の人物を確認すると、かなり高齢の男性だった。

周りの人は、何故か声かけも助けもしてくれず、もしかしたら二人合意でなんらかの宗教的な儀式を、駅のベンチで行なっていると思われていたのかも知れない。

結局、四十分以上も読経は続けられ、薄目を開けてその人が居なくなったタイミングで全力疾走して逃げた。

この話をオンラインの怪談会でもしたところ、城東区に住んでいるという参加者の男性から、こんな話を聞いた。

「あ、それ僕も体験したことあります。環状線の○○駅ですよね？

僕もベンチで座っていた時で、寝てはいませんでしたけど、最初乗り換えを聞かれてね、返事したらお礼にって、ぶつぶつなんか言われて、そしたら何か違う人も加わってですねえ、三人に唱えられたんです。

最初は何を言うてるんか、よく聞き取れなかったし、分からなかったんですけど、途中からなんでか「死んでください、死んでください、死んでください」って言ってて。

縁起悪っ！　と思ったから、途中で立ち上がって、止めてくださいって中断させたんですよ。

そして、家に帰ったら出る時に消した筈やのに、部屋中の電気の灯りが点《つ》いとって、水槽の熱帯魚が全滅しとったんです。

関連が何かあったんちゃうかって、気分めちゃくちゃ悪かったんですよ」

その時、誰かのマイクから「その人らね、○○駅に住む死神ですよ」という声がした。

特定の人が喋っている間、基本マイクはミュート指定がルールの怪談会だったので「今どなたが発言したんですか？」とホストの私が聞くと、誰も何も言っていないということだった。

実際、アーカイブの録音を聞きなおしてみたところ、死神だという指摘の音声は入っていなかった。

私は機械に疎《うと》いので、誰かが記録に残らないようになんらかの設定をして話した可能性はある。けれども、あの時の怪談会の参加者は思い返せば私以外、男性しかいなかった。

だが、その声は若い女性だったのだ。

あらかじめ録音した音を流したという可能性もあるけれど、五人しか参加者のいない小さな怪談会でそんな手の込んだ仕込みをする必要があるとは思えない。

私の頭上に手を翳《かざ》して読経していた男性が何者だったのかは分からない。そして、あの日以来、見かけたこともない。

ガタロ

パソコンの中のデータを整理していると、かつて収集した怪談話が出てきた。

「松島のガタロ」と書いてあったそのフォルダからの話。


大阪で「ちょんの間」とか遊郭というたら、飛田《とびた》を思い浮かべる人が多いんやろうけど、松島もあるでしょ、松島遊郭。

あの場所の近くに昔住んどってね、意味は分からないけど親に、あそこには子供は近寄ったらあかんときつく言われとった。

そいで、何しとったんか忘れてしまったんやけど、尻無川《しりなしがわ》の縁を友達と歩いておったら、ざばあっと水の中から、ガタロ（河童）が出てきおってん。

嘘やと今までさんざん言われてきましたけどね、確かに見たんや。

大阪に出るガタロはね、他の土地に出るんと違って血を吸うんや。どっから言うたら、お尻からちゅーっと。

だから水死体でね、青白かったり血の気がないんは、ガタロに吸われた死体やって言われててん。僕も一回だけ、子供の頃にね、吸われた後じゃないかっていう死体も見てんで。マネキンやないかっていうくらい、蠟燭《ろうそく》の蠟と同じくらい真っ白。通報せんかったのと言われても、戦後間もないころやからね。誰も気にしないし、警察に言うても多分、取り合わなかったと思います。

当時は子供やったしね。親も何か忙しそうにしとったし、行き倒れや、餓死者もようさんおったから、死体なんか適当にほっぽらかす時代やったもん。

引き揚げもんやら、特攻崩れのヒロポン中毒者とか、もう無茶苦茶やったからね。でも、ほんまにそんな時代におったんですよ、ガタロが。見たもんが言うんやから、信じひんと。

姿はね、ザンバラ髪で歯が鋭かったね。あんなんで吸い付かれたら、そりゃ死んでしまうやろうなあと思いますね。

昭和の頃はね、大阪はお化けがまだまだほんまにおった時代やったんでしょうな。

歴史学者の宮本又次《みやもとまたじ》の著書にも大阪市内で目撃されたガタロや川太郎の話が多く載っている。

大阪市内を自由気ままに泳いでいた河童たちは、どこへ行ってしまったのだろう。

ぬらぬら

これは、オンライン怪談会を行なった時に、自動車ディーラーの営業をしているというKさんから聞いた話。

Kさんは怪談会の画面に、血まみれの兎姿のアバターで登場してくれた。

Kさんが何か発言すると、それに合わせてアバターの口がパクパクと動いたので、こういう機能があるとは知らなかった私は驚かされた。

今後オンラインでの取材が主流になるかも知れず、色々と機能や怪談会の進め方についても、これから勉強する必要がありそうだ。

そんなことを考えていると、Kさんのアバターが手を振る動作をして「そろそろ始めていいですか?」と聞いてきたので「もちろんです」と返した。

これは学生時代に、門真《かどま》に住む高橋という知り合いの家行った時の体験談で、そいつ中学時代からの付き合いで、部活がバスケで一緒やったんです。

高校は別やったんやけど、たまに会ってカラオケとか飯とか行く付き合いやって。でもなんでか、高橋の家には一回も行ったことなかったんです。

バスケ部メンバーで集まってカラオケ行った帰りに、二人で歩いてたら高橋が急に今年閏年《うるうどし》やから、暇やったらこれから付き合ってくれへん？　って言いだしたんです。

なんにや？　と言ったら自分の家の風呂場で、醤油ラーメン食べるのを付き合って欲しいって言うんですよ。

はあ、お前なんやそれって言うたら、そいつの家は閏年になったら新しく家に招いた人と一緒に、風呂で交代で醤油ラーメンを食べんとアカンってルールがあるらしいんです。

理由を聞いたら、こうせえへんと怪我すんねん。なんでか分からんけどって言われて。ちょっと面白そうやし、個人宅のルールにしても変過ぎるやろって思ったから、付き合うことにしたんですよ。

高橋の家は普通の一軒家なんですけど、なんだか照明がやったら暗いんですよ。それに空気がべったりとしてるんです。

行ったんは、冬やってんけど、梅雨の最中みたいに空気が湿気《しけ》てて、纏わりつくように重たかったんですよ。

お前、加湿器かけてるんやったら利きすぎちゃう？　って言うたら、加湿器なんてかけてへんって。

で、風呂はもう沸かしてるから先に入っといてや、後でラーメン行くからってタオルを押し付けながら言うんです。

なんかちょっと、来たこと後悔しだして、やっぱり帰るって言おうとしたら、高橋の母親が出て来て、お願いしますって深々と頭下げられたんですよ。

それが、女装した高橋じゃないかと思うくらい、似てたんです。お前らクローンちゃうかって突っ込みたくなるくらい。

なんか親に出て来られたら、断りにくかったんで仕方なく俺、言われるままに風呂に入ったんですよ。

しばらくしたら、これ全部食べてなって、ドンブリの縁まで並々《なみなみ》とスープの入ったラーメンを持って来たんです。

零《こぼ》さんように受け取って、風呂の蓋の上に置いたんですけど、それが無茶苦茶酷いラーメンやったんです。

見た目は醤油なんですけど、なんか臭いが変やしナルトの端っこが緑色に変色してるし、チャーシューには虹色の油みたいなんがへばり付いてて、見ただけで食べたくないって胃が拒否りたくなるようなラーメンでね、これはないわって。

高橋がニコニコしながら、傍に立って俺のこと見ているのも変やったし。

見た目は悪いけど味はいいラーメンってあるから、もしかしたらって期待して、最初ちょっとだけスープに口付けたんです。けど、うっと吐きそうになって。こんなん食べられへん。もう冗談よせよな、俺帰るからって、風呂から出たんですよ。

そしたら、高橋がすんごい狼狽《うろた》えだして、これ、残したら俺かお前が死ぬレベルの怪我するから。俺の叔父さんがな、ほんまにそうなってん、とか言いだして。

高橋の母親も、俺フルチン状態やのに風呂までやって来て、この子の言うことほんまです！　前の閏年にラーメン食べきれなかったシゲオさんが、トラックと電柱の間に挟まれて亡くなったんです！　とか言うんです。

でも、なんか本当に食えるレベルの味じゃないし、もう一口だけ食べたんやけど飲み込むのも辛いくらい不味いというか、変な味なんですよ。

麺も伸びてきていたし、風呂中がそのラーメンの臭さで気分も最悪やったから、俺二人のこと無視して、ささっと着替えて家を出たんですよ。

そして、二人が追って来たら嫌やなと思って、あちこちの角を曲がったり、振り返ったりしながら駅に向かってたら、急に錐《きり》で垂直に腹の中から外に向けてブスブス刺してるような、えげつない、もう人生最大級に辛い最凶な痛みマックス級の腹痛に襲われたんです。

これやばいやろって感じたけど、もう携帯電話を取り出して救急車を呼んだり、声出すことが出来ないレベルの、切腹する武士とかのそれ級の命に関わるくらいの苦しさやったんですよ。

東京もんと違って大阪人は優しいとかいうけど、俺の周りにたまたま優しい大阪人がおらんかったんか、じろじろと俺のこと見る人はおったけど、誰も声かけてくれんかって。痛さを少しでも逃がそうとして、壁に手をついて肩で息してたり、うぐうって脂汗《あぶらあせ》流しながら、唸ってたんです。

そしたら目の前の景色が白黒に見え出して、これアカンこのまま死ぬんかなって思ってたら、口の中からずるぅって何かが出て来たんです。

赤黒い餅みたいなんで、ラーメンに入ってたチャーシューの表面で見た虹色の脂みたいな色が所どころ光ってる、長さが二十センチくらいの変なぐちゃぐちゃしたもんが、俺の口から地面にびちゃって落ちて、近くの排水溝に流れていったんです。

そしたらすうっと痛みが引いてて。だけど、痛みはなくなったけど、痛みを逃がそうとして体に力が入ってたからか、全身の筋肉がビキビキに疲労してるの感じるくらい、無茶苦茶疲れてたんで、俺の家は高橋の家からそんな遠くやないんですけど、家まで歩いて帰れなくって、たまたま来たタクシー拾って乗りました。

高校生が自腹でタクシー乗るって時点で、ヤバさが分かるでしょ。

翌日、高橋が俺ん家《ち》に来たんでむっちゃ怒鳴りつけたんです。

お前の家に行ったら最悪やったやんけ、マジ許さん！　なんやねん、あのラーメン！　帰りに信じられへんくらいキツイ腹痛に襲われて、赤黒い餅みたいなゲー吐いてんぞ！　って言ったら高橋が手をポンと打ったんです。

ああ、そっちかあ。お前、運がええなあ、ぬらぬらが抜けるパターンやん。それ吐いてへんかったら、お前、事故に遭《お》うて死んでたで。いや、滅多にないパターンやから本気でお前、超強運やな、良かったやん。ぬらぬらかあ、そうかあって。

なんか高橋が独りで納得してたんです。それ見て、これは常識が違うというか、何言うても無駄やなって感じたから、それでもう俺、怒るんやめたんですよ。

で、そいつ急に転校しておらんようになったんです。

今もそいつがおったとこ空き家になってるから、こないだ久々に寄ってみたんです。行ったら野良猫が沢山おって、凄い不気味で生のホラー映画みたいな雰囲気やったんです。

おまけになんか壁とか窓とかに脂みたいな汚れが筋状に走ってて、凄い変な臭いがするんです。

近所の人ら、よう苦情言えへんよなってレベル。

で、後で思い返してみたら、その汚れの色が、俺が吐いた時の変な物体と同じ色やったんです。

だから、あの汚れは「ぬらぬら」が這いまわった痕やないかって……思い返してめっちゃ気持ち悪くなりました。

今も話してて、ちょっとせり上がって来そうになるくらいの、これトラウマネタなんですよ。


この話をしてくれたKさん。

彼は現在、茨木《いばらき》市に住んでいて、ここにはいろんな怪奇スポットがありますよと、後日連絡をくれた。

なので茨木市について、ちょっと調べて行ってみようという気になった。

オンラインでの怪談取材はまだまだ慣れないけれど、コロナ禍の終わりがいつになるか分からない状態なので、今後も続けていくと思う。

茨木市ぶらぶら

先日行なった怪談会でKさんから、茨木市には色んな怪奇スポットがあると聞いたので、取材に行ってみることにした。

茨木市といえば、まず思いつくのは「茨木童子《どうじ》」だろう。茨木童子とは、京都大江山《おおえやま》の鬼、酒呑《しゅてん》童子の一番の子分と言われおり、頼光四天王の一人、渡辺綱《わたなべのつな》に片腕を切り落とされたという伝説が残っている鬼だ。

色々と恐ろしい伝説が残っているが、現在は茨木市のそこら中に、可愛くデフォルメされたゆるきゃら姿の茨木童子像を見ることが出来る。

茨木駅を降りてしばらく歩き、高校を横目に少し進むと「貌見橋《すがたみはし》跡」があった。

ここは『茨木市史』によると、産まれた時から髪も歯も生えていた赤子を見た母親が、これは鬼子に違いないと思い、床屋の前に捨ててしまった。

捨て子は、人の好い床屋の夫婦に育てられ平穏な日々を過ごしていたのだが、ある日誤って頬《ほお》を切った剃刀《かみそり》の血を舐めてしまい、血の味を知ってしまった。

そのせいで人の姿からどんどん鬼へと変貌し、床屋から逃げ出して橋から川面に己の姿を映したところ、そこには完全に鬼となった恐ろしい自分の顔が水面に揺らいでいた。鬼となった顔を見た童子は、人間世界での生活を諦めることを橋の上で決め、山に入ってしまったという。

今は橋は無く、案内板だけがその伝説を伝えている。

近くには坂上田村磨《さかのうえのたむらまろ》が創建したと伝えられる、茨木神社もある。

橋の跡と神社を見物した後、ぶらぶらと町を歩きまわってみたのだけれど、これと言った怪奇スポットを見つけることは出来なかった。

仕方がないのでKさんに、案内をお願い出来ないかと電話をかけて聞いたところ、六時過ぎなら少しだけ可能だという返事を貰った。

時計を見ると午後三時過ぎで、まだまだ時間があったので、少し街中を観光することに決めてバスに乗り「茨木市立キリシタン遺物史料館」に行ってみることにした。

茨木市周辺は戦国時代、キリシタン大名として有名な高山《たかやま》右近《うこん》が治めていた地域としても知られている。

キリシタン遺物史料館には、茨木市の隠れキリシタンに纏わる資料が多く展示されていた。

例えば歴史の教科書には必ず掲載されている、聖フランシスコ・ザビエル像は、キリシタン遺物史料館向かいのH家の梁《はり》にくくりつけられていた「あけずの櫃《ひつ》」に収められていた物で、代々厳重に封印されていたのを、ご住職の藤波大超氏により開封されて発見された。

「あけずの櫃」にはザビエルの肖像画だけでなく、他のキリシタンの信仰に関係する品々も秘蔵されていたという。

H家の人々は口伝で「開けると祟りがあり、家に災いが降りかかる」と聞かされており、他人にその櫃の存在を明かさないだけでなく、家人も箱を開くことはタブーとされており、中身も知らされてはいなかった。

近くにはクルス山と呼ばれる山があり、風に乗って誰かが唱えているのか、今も隠れキリシタンが伝承してきた祈りの歌オラショを耳にする人がいるそうだ。

小さいながらも信仰の重要性を感じさせられる資料館で、じっと展示品に見入ってしまい気が付けばKさんとの待ち合わせ時間が迫っていた。

バスを待っていては間に合わないので、私は急いでタクシーを呼び、大慌てでKさんの指定する待ち合わせ場所に急いだ。

幸いなことに道が空いていたおかげで、遅刻することはなく指定した時間にKさんと会うことが出来た。

「すみません、お忙しい時に呼び出してしまって」と言うと、マスク越しにも分かるにっこりとした笑みを浮かべて、気にしないでくださいと答えてくれた。

「本当は茨木市内のあちこちを案内したかったんですけどね、この後、予定が急に入ったので手短な所だけ、立ち話でお話しします。

駅の駐輪場に『塚』と書かれた石があって、検索しても何も出てこないし、図書館で調べても全く資料が無いし、地図にも表記されていないんですよ。

そこに時々血を流す時計が置かれてるって噂が、十年くらい前にあって、時計の針が示している時間が自分の死ぬ時間だとか、そういう話があったんです。

後、茨木と高槻の境目に古墳があるんですけど、そこに夜行くと、体の一部分が浮いてることがあるらしいんです。耳とか指とか、鼻とか足とか。

その時、見た部分を近いうちに怪我するとか、腫れるって話があって、これは俺の同級生が実際見たって言ってました。それから市内に丑寅《うしとら》って地名の場所があるんですけどね、そこで俺の連れは、変な二人組を見たって言うんです。

上半身が裸でね、黒い鞭みたいな物で背中を叩いてて、何あれ？　って見ていたら、その二人の背中がごぼごぼと隆起してるんです。

で、鞭の先の叩く部分が、髪の毛を束ねてるみたいに見えたらしくって、何やったんやろうアレって。

これも、連れから聞いた話なんですけど、赤い糸をクロス山に持って登るんです。そして山頂近くで、十字に置いてくーろす、ころす、ころさず、くろす、さーがった、あーがった、ころされたーって歌をうたいながら、糸を色んな形にずらすんです。歌い終わった時に二本の糸がアルファベットの形に見えたら、その文字のイニシャルの人が翌日に死ぬって呪いの掛け方らしいんですよ。

隠れキリシタンとかの話も多いから、そういうのに関連あるんですかね。単なる言葉遊びっぽいですけどね。連れの知り合いが試して、途中で怖くなって止めたんですよ。そしたら人差し指と中指が急に腫れて膿んでしまって、しかも治りがむっちゃ遅かったみたいです。

実は俺より、連れの方が茨木の怪談とか知ってて詳しいんですけど、話すと呼び込むタイプなんで今日も誘ったんやけど、嫌がられてこなかったんですよ。

それにこないだのオンライン怪談会の後にも、今日K君なんかこわい話したでしょ。家にいっぱいお化け寄って来てるから……ってバレてしまって。

こんな話してるから今も家に多分また何か集まってると思います。

俺は感じへんから、ちょっとそういうの羨ましいんですけどね。それになんでか、お化けの話をしたりすると、翌日いい商談が舞い込むことが多いんですよ。

偶然かもしれへんけど、だから俺、怪談会とか参加するん好きなんです。今日もダメやと思っていたお客さんから、決めたって連絡が田辺さんと電話した後に入って、その契約書を持ってこれから行くんですよ」

怪談会の後に、ちょっと良いことがあったという人からの報告は、よく聞く。

帰りに買ったくじで数百円当たったとか、オンライン・ゲームで目当てのキャラが出たとか、コンビニエンス・ストアのくじで買おうと思ってた商品を引いたといった内容で、怪談と関連があるかどうかは分からない。

陰陽五行思想で、陰気な物を手元に置いたり話をすると、陽気を呼び込むという話がある。幽霊は陰とされて金は陽なので、その影響がもしかしたらあるのかも知れない。

幽霊画の話

大阪の天満で飲食店を営んでいた小山さんの話。

「前のオーナーのオムライスが大好きでね、手作りのケチャップが生のトマトを煮て作られていて、独特の酸味があって絶品だったの。

でもねえ、体調を崩して続けられないから閉じるんだよって言われて、じゃあ僕がやりますってその場で手を挙げ名乗り出ちゃって。でも、飲食なんかアルバイトすらもやったことなかった。

丸っきりの素人だったのに、脱サラしてその店継ぐことになっちゃったわけよ。

最初は洗い場だけの手伝いだったんだけど、性にあったのか直ぐに調理場に立って料理の手伝いをしだしてね。そうしたらオリジナルのメニューも考案したり、どんどん店で働くのが楽しくなってきて。そして、これで完全に安心して店を継げる、ってなって、オーナーも体があちこちガタ来てるし、いいタイミングだってんで、ぜーんぶ僕に譲ってくれたわけ。

で、最後の営業日にね、これ肝心なものだから大切にしてね、ちょっと気持ち悪いしびっくりするかも知れないかもって、カレンダーを外してね、血みどろの幽霊画を見せてくれたわけよ。

なんでもね、前のオーナーが言うには、幽霊画は陰やから陽を呼ぶ。金気は陽やから、客に見せなくってもいいから、店内のどこかに必ずかけておいてくれってことだったんだけど、店がちょっと軌道に乗り始めてアルバイトを雇いだした時にね、気持ち悪いって言われて処分しちゃったんですよ。

料理の腕は良かったんだけど、ちょっと前のオーナーはね、風水とか占いとか気にする人でさ、俺はそういうの苦手っていうか、正直信じてなかったから。でも不思議なもんでね、幽霊画を捨ててから、特にこれと言って何かが変わったこととかなかったのに、客がガタ減りでね。

それから値段を下げても、食材をよくしても客足が戻らなくって。ビラ配ったり、千円のビールとつまみのセットを出したり、ワンコイン弁当作ったり思いつく限りのことは全部やったよ。でも全然だめ。そうしたら不思議なもんでね、気持ちがさ、ほら、何かありえないことでもいいから頼りたいって気になってくるわけ。

それで、前のオーナーが言ってた幽霊画を飾ってみようって思ったけど、探してもね、売られてないんだよ。画廊とか行っても無いわけ、幽霊画。しかたないからね、幽霊って文字を筆ペンで書いて貼ったの、トイレに。無いよりマシかなって。

それにその時ほら、トイレの神様だっけ？　なんかそういう歌が流行してたから。それでそのおかげなのかどうかは分からないけど、前より客足が戻ったんだけどさあ、俺も肩を悪くしちゃって、鍋を扱えなくなってしまったのと、増税やら赤字の時の影響もあってさ、結局は店を閉じちゃった。

前のオーナーも、別にいいよって理解を示してくれてね。でもたまに今も仲間内で集まって、料理出したりしてるよ。たまぁにだけどね。でね、去年、初詣に天満宮に行った時に、どうしてそういう気分になったのか分かんないんだけど、易者に手相を見て貰ったわけ。

そしたら易者にね、人やなくて文字の形した幽霊がついてます。おもろいなあ、初めて見ました、って言われたの。

びっくりして、店のトイレの幽霊の貼り紙のことを話したら、それ燃やしたら肩が軽くなりますよって。でも、なんか変に愛着が湧いちゃってさ、俺の書いた下手な字なんだけど、まだトイレに貼ったままなんだよね。燃やしたら肩が軽くなる代わりに財布の中身も軽くなりそうだって心配してるのもあるんだけどさ。

で、俺の文字でよかったら書いたげるよ。

効果あるかどうかは分かんないけど、前に一枚お客さんに幽霊の字を書いた紙あげたら、分厚い財布拾ったって言ってたし。でも、最近そういやその人来てないなあ。なんかあったんかなあ」

この話を聞いてから半年ほど経った頃、そういえば小山さん最近どうしているかなと思って連絡してみた。

すると体調を崩して現在は愛媛《えひめ》の実家にいるということが分かった。

そして、お店を小山さんに譲った店長と、その後の関係について、色々と話してくれた。

「なんでも無料《ただ》より高いもんないっていうけど本当だね。あの店が好きやっていう思い出だけの方がよかった。前のオーナーね、店を閉じることに理解を示してくれてて、しょうがなかったたって何度も言ってくれてたんだけど、それは表向きやったみたい。実はかなり恨まれてたみたいなんです。もうあちこちで俺の悪口を言いまくってるって、人から聞いてね。

噂なんてあてにならんからと、最初は信じてなかったんですけどね、偶然居酒屋で前オーナーが俺のあることないこと言うてるの聞いてしまって。なんかもうあんなに店に惚れ込んで、儲けもそんな無いのに頑張ってたのに、どうして他人にあんなことを言えるんだろうって、涙が出て来て。

なんも悪いことしたつもりないのになあ、あんなに恨まれるだなんて。おかげでかなり人間不信ですよ。あれだけ大好物やったオムライス、今は苦手で食べられへんもん。

でも、俺もあかん奴でね、幽霊の文字あったでしょ。ちょっとあの後に色々とあって、文字が持つ力や言霊《ことだま》みたいなんをちょっと信じるようになったんです。文字を書いてあげた人から、その文字の通りの効果があったって幾つか話があったりしたからね。

それで、前オーナーに復讐というか、相当傷ついてるから、その気持ちを込めて『恨みます』と書いて一度送ってやろうかなって思ったんです。

でも、そんなことしたら人を呪わば穴二つっていうでしょう。なんか自分が堕ちるところまで堕ちるような気がして止めたんです。

何故かって言うと、あの……ねえ、本当に怖かったんです。

その手紙を出そうとして郵便ポストに行こうとした時、姿見が目に入って自分の姿を見たら、頭にね……黒い、とがった角みたいな影が見えて。

近くにあったクズ入れに、手紙を破って投げ捨てて帰ったんです。

あのまま出してたら、俺は地獄にでも堕ちたんと違うかな。いや、なんかごめん。折角電話をくれたのに、こんな話ばっかりで」

小山さんとの話は、一時間以上の長話になってしまった。

翌週小山さんから、直筆のお礼状が届いた。

そこには、時々連絡をくれると嬉しいということと、定期的に怪談が寄せられるといいですね、そのためにいろんな禍々《まがまが》しいことが貴方に降りかかることを願っています、と書かれていた。

箕面の頭蓋骨

箕面《みのお》の地名の由来は、箕面の滝の流れが農具の「箕」の表面に似ていることから付けられたそうだ。

箕面の滝は、大阪府箕面市の「明治の森箕面国定公園」内にある滝で、日本の滝百選の一つに選定されている。

そんな箕面の滝を眺めるように、人間の頭蓋骨が滝見橋のテーブルの上に置かれる事件があった。

横には木の枝が「く」の形に置かれており、箕面に住むサルが自殺者の頭蓋骨を運んで置いたのではないかという説もあったが、未だに真相は分からず仕舞いだという。

その事件を聞いた学生の町田さんは、夜に一人で肝試しに行こうと箕面に行ったそうだ。

スクーターで向かった夜の箕面山中は誰もおらず、真っ暗でただ遠くの方から滝の水音しか聞こえなかった。

サルも寝ているのか、気配を感じず、スクーターから降りて懐中電灯で照らしながらゆっくりと道を上って行った。

町田さんは滝の傍に到着すると、家から持ってきた模型の頭蓋骨を再現のつもりで、滝見橋のテーブルの上に置いた。

そして頭蓋骨の持ち主の供養のために、背負っていたリュックから取り出したお皿を置いて、その上に線香を立てて火をつけた。

すると、ぼおおおっと線香が勢いよく炎を上げて、髪の毛が燃えるみたいな、喉がいがらっぽくなる煙が出て来た。町田さんは思わず手を扇いで顔の辺りに纏わりついていた煙を払いのけた。

あまりにも煙たいのでゴホゴホとせき込んでいると「こんばんば」と背後から声がした。

びっくりして振り向くと、そこには白いレインコートを着たおじさんが立っていた。

無精ひげに目の下がたるんだ皺で覆われ、雨も降っていないのに黒いびしょびしょのスウェットを着ている人だった。

顎《あご》からも雫《しずく》が滴っていて、白いレインコートが濡れた体に張り付いていた。

「何してるんです?」

あまり抑揚のない声で話しかけられ、最初は動揺した町田さんだったが、この近くに滝場があるという資料を見たことを思い出した。

だから、この人も修験道の修行をしているからびしょびしょなんだと町田さんは思うことにして、頭蓋骨事件をおじさんに話した。

「面白いですね。ラジオ持ってきたんですけど、一緒に聞きません？」

傷だらけのオーディオ・プレイヤーを見せながらおじさんはそう言い、滝見橋のテーブル脇のベンチに座った。

「ここ、星を見るのに良いんです。音楽は何が好きですか？　聞きまじょうよ一緒に、ここ隣に座りません？」

空は曇っていて星は見えない。ちょっとおかしい人なんじゃないかなと感じた町田さんは「いや、いいです」と断り、足早にその場を離れた。

何度か振り返ると、おじさんはテーブルの上で座禅を組むような姿勢をしていたらしい。


スクーターを停めた場所に戻り、町田さんはキーをポケットから取り出してエンジンをかけた。

「こんにちば」

真横に、さっき出会ったおじさんがいた。体に張り付いたレインコートに抑揚のない声、他人の空似とは思えない。びっくりした町田さんはスクーターを急発進させた。

途中、信号で停まる度に何度も振り返り、あのおじさんが傍にいないかどうかを確認したそうだ。

家に戻り部屋に上がり込むと、ようやく落ち着いた町田さん、その時になって再現のために持っていった頭蓋骨の模型を、テーブルの上に置いてきたことを思い出した。

別に安物だったしいいか、とベッドの上に横になると足先に何かが当たった。

滝見橋のテーブルの上に忘れて来た筈の頭蓋骨の模型だった。

タチソ

小説家の三輪チサさんが主宰する「ひらかた怪談サークル」という集まりがある。

これはその会で、参加者のKさんから聞いた話。


「かなり前の話なんですけど、高槻《たかつき》の有名な心霊スポットの〝タチソ〟に行こうってことになったんです。

タチソは〝高槻〟〝地下〟〝倉庫〟のそれぞれの頭文字をとってつけられた暗号なんです。崖に穿った長いトンネルみたいな場所で、秘密施設として建設されて、第二次世界大戦中に航空機のエンジンなんかを作っていたらしいんです。

タチソは無茶苦茶、労働環境が悪くて、大勢の方が落盤で生き埋めになったりしたようで、幽霊を見るとかいう話を頻繁に聞く場所なんです。

そこに知り合いと行こうっていうことにしたんですが、怖がりの子が一人おったから、その子には心霊スポットに行くなんてことは言わないで、洞窟探検に行くよとだけ伝えたんです。

みんなで地獄谷ってところから地下倉庫に向かったんですが、谷が崩れた跡があって、通るのは結構大変でした。

で、一緒に来た怖がりの子が、急にその場で耳を塞いで蹲《うずくま》ったんです。どうしたの？　って聞いたら、足音がする。沢山のざっざっざっざっと揃った足音が聞こえるって言うんです。

タチソがどんな場所なのか知らせないで連れて来たのに、そういうことを言われて怖くなったので、そのまま車で帰りました」


現在もタチソは高槻に残っている。

秘密施設として建設されたからか、資料もほとんど残されておらず、どれだけの長さや広さなのか不明らしい。

タチソの奥には今もなお、人知れず亡くなった方の遺体がそのままで残されているという話を聞いたことがある。

中は蟻の巣のような作りで光も入らず、迷ったら外に出るのは富士の樹海よりも困難らしい。

崩落の危険性も高く、人が通りかかる確率もとても低く、迷路のような内部で実際に遭難事件もあったとそうなので、現在は立ち入り禁止となっている。

堀江の亡霊

夏に、公民館で行なった怪談会に来たお客さんは、たった一人だった。

ノースリーブの紺色のワンピースに薄淡い桃色のカーディガンを羽織った女性で、椅子に座ると「あの、他の人は？」と言われたので、私はあと五分だけ待ってみましょうと答えた。

しかし五分待っても十分待ってもその女性以外、誰も訪れなかったので、二人で怪談語りをすることになってしまった。

少し甘い生花のような香水が、女性から漂ってきた。とりあえず用意していた麦茶を紙コップに注いで渡した。

一人で初対面の人と話をするのも気の毒だなと思いながら、私はいくつか怖い話をこれからしますねと伝えると、女性は聞くよりもまず話をしたいんですと言った。

人の年齢を推測するのは苦手でよく外すのだけれど、パッと見た感じでは、私には二十代の半ばぐらいに見えた。自己紹介をしましょうかと言ったところ、二人だしいいじゃないですかと断られてしまった。

「妖刀ってあると思います？　その話をしたいんですが」

「あの、手にすると人を切りたくなるとか、そういうのですよね。切れ味の鋭い刃物を手にしたら、試してみたいと思うかも知れないけど、妖刀があるかどうかは分からないですね」と私は質問に答えた。

「実はわたし、刀を振り回している人を見たんです。今日その話をしたくって来たんです。でもね、その振り回している人をよく見るとそれ、刀じゃなくって腕だったんです。長い腕を、タオルをライブ会場で振り回すみたいに、ぶんぶん振り回してて。でも、腕が時々刀にも見えて。

なんだろう、あれ？　ってじっと見てたんです。怖いとか、不思議やなとかって気持ちは無くて、何してるんやろうって。あのう、とを声かけたらパッと消えたんです。それで、ああ、あれ幽霊やったんやって。

家に帰って母に、今日幽霊見てんって話したんです。えらいハッキリした幽霊やった堀《ほり》江《え》の交差点で見たよ。なんやろあれ、って。

母は私の話を聞くと、堀江六人斬り事件があった場所やからって、怖がらせようと、しょうもない嘘ついてって言うんです。

わたし、そんな話聞いたこともないし、知らなかったし、本当に見たのに母に信じて貰えなかったことがショックで、そう伝えたら、堀江六人斬り事件について教えてくれたんです。

明治三十八年に中川萬次郎って人が、奥さんの駆け落ちが原因で錯乱状態になってしまって、同居していた家族五人と養女を刀で滅多斬りにして殺害したんです。

でも、切りつけられた六人の内、よねという養女の子供だけが、両腕を完全に切断されていたけれど生き残って、堀江事件の犠牲者の魂を鎮めるために、尼さんになったらしいんです。

その事件が実際にあった場所が、私が腕か刀みたいなものを振り回すお化けを見た場所と同じだったみたいなんです。

話を聞いてから別の日に、母と一緒に腕か刀か分からないけど、ぶんぶん振り回して消えた人がおった所に行ったんです。

そしたらまた、本当にいたんですよ。母にほら、あそこにいる人見てよ、ほんまにおったでしょって伝えたんです。

母は、幽霊を見て、なんか楽しそうやなあ、刀持って傍に寄って、仲間に入れてください言うたらどうなるやろって言い出して。

わたしは悪い幽霊かも知れんからやめとこうよって言っても、聞いてくれなかったんです。なんか、ずっと見てて、楽しそうばっかり言うんです。帰ろうって言ってもなかなか同意してくれなかったし。

その翌週、家で母が日本刀持ってにこにこ笑ってたんです。どうしたんって聞いたら、ネットで買ったって言うんですよ。わたし、銃刀法違反になるんと違うの届け出を警察に出したって聞いたら母は、出してないって言ったんです。なあ、これ持ってこないだ幽霊見た場所に行きたい。あんたも来てよ、断るんやったら斬るでって言いながら、ぶんぶん日本刀振りだして。刃は多分ついてない刀なんですけど、もう怖くって。母が別人になってしまったみたいで。もうそれ見て、冗談やなくって本気やって感じたんですけど、一生懸命母に縋り付いて、止めたんです。

行くの嫌、警察に捕まるし、絶対に嫌、冗談でもやめてお母さん。その刀も買ったところに返品してよ。それに刀にあたって、人が怪我したり死んだらどうすんのって。

何度も言ってたら母の動きがピタッと止まって刀を振り上げて、わたしを見下ろしたんです。

黙れ、お前、煩《うるさ》いぞ

母の口から出たのが、低い男の声だったんですよ。

刀を振り上げて凄く凄く怖かったから悲鳴をあげて外に出たんです。

裸足《はだし》で近所の漫画喫茶に泊まって、翌朝家に帰ったんです。外泊はじめてだったんですけど、母からは携帯電話に着信もなくって。

警察に言うかどうか迷ったんですけど、それでもわたしが怪我をしたわけじゃないし、冗談だったかもと思って家に戻ったんです。

母は、娘が外泊して裸足で戻って来たのにケロっとしてて何も言わないんです。

わたしが、刀は？　って聞いたら、なんのこと？　って。

だから、悪い夢でも見たのかなって。

母がその日、仕事に出たタイミングで家中、刀を探したんですけど、わたし見つけられなかったんです。

とはいえ、わたしも家の中を完全に探しつくしたわけじゃないから、母がすっとぼけてとんでもない場所に隠してる可能性もあるんですけどね。

あの買った刀が妖刀で、手にしたから母がおかしくなったのか、それともわたしと母が一緒に見た堀江で腕か刀か分からない物を振り回してた人に、憑かれてたのか魅入られちゃったのかなって、ずっと考えてて。

お祓いに行くとかも迷ったんですけど、母は今のところ前と同じで普通なんです。

この話を誰かにしたくって、今日来たんですけど、まさか二人だけの怪談会になるとは思ってませんでした。いつもこんなに人は少ないんですか？」

私はだいたい平均は五、六人の怪談会であることを伝えた。

彼女は麦茶を飲み干すと、失礼しますと頭を下げて、去って行った。

微かに甘い香水の残り香だけが、居なくなった後もしばらく漂っていた。

星降る町のＵＦＯ

天満にある燻製屋さんに立ち寄ったところ、店内のあちこちに写真が貼られていた。前に来た時は無かったものなので、これはなんですか？　と店長に聞いたところ、写真を燻製したもので、広告会社でコピーライターとして働きながら、写真家として、また、ＵＦＯを呼ぶためのバンド「エンバーン」のリーダーとして活躍中のケイタタさんの作品だという説明を受けた。

持ち帰り用の燻製おむすびを頼み、出来上がるのを待っていると、丁度店内にケイタタさんがいることが分かった。

私は燻製された写真に囲まれた店内で「ＵＦＯ見ますか？」とケイタタさんに訊くと、ＵＦＯは結構大阪上空に来ていることを教えられた。

例えば、難波《なんば》で空をナイキのマーク形に何度も飛んでいた飛行機の軌道ではありえない物を見たり、山の方にパッパッパッパッと点滅しながらＷ字形に飛行するＵＦＯを見たりしたそうだ。

妙見山《みょうけんさん》の辺りにも、よく来ますということだった。

大阪の空にＵＦＯがいるのか……そんなことを考えて、夜空を時々見上げながら、家に帰った。

怪談を集めていると、似たような話が連鎖のように何故か集まってくることがある。

ケイタタさんの話を聞いた翌日、ＵＦＯに纏わる話を交野《かたの》市に住む長谷川さんから聞いた。

交野市は降星伝説があるやん。おまけにそれだけやなくって、天から神様を乗せて来たっていう岩船を祀った磐船《いわふね》神社もあるやろ。

つまり天上の世界から来たという伝承がもともと多い地域。

星や岩船に乗ってやって来た神様って、俺はもしかしたらそれ宇宙人とちゃうかなって思っとるんです。

俺が小学生の頃に、川口くんって子がおったんです。声がやたら小さい子で、ちょっといじめられとったんやけどね、ゲームが好きやったから、俺とは結構一緒に遊んでることが多かってん。

ある日家でゲームしてたらな、川口君が凄いもん見せるって言うから、どんなんや？　って聞いたんです。

そしたら川口くん、見といてってピーピーと口笛を吹いてな、八匹くらい百円硬貨サイズのめっさ小さいUFOが、わらわらとどこからもなく出て来おったんですよ。

すごいやろ、すごいやろって川口くんがね、囁くような声で得意げに言うてたんやけど、UFOがいる間ものすごく耳がめっちゃ痛いんです。

キーンとするモスキート音が脳の中で響くような煩さやったから、両手で耳を塞ぎながら、川口くんの言うことに頷いてたんです。

俺は、これはむっちゃ凄いことやから、写真を撮って同級生のみんなに見せようって提案して。当時はデジカメとかあれへんから、フィルムが余っている使い捨てカメラを家の中から探して持ってくしかなかったんですけどね。

俺はなんとか家から使い捨てカメラを見つけ出して、川口くんにUFO呼んで貰ってバシャバシャ撮影したんですよ。

と言っても当時は二十四枚しかフィルムが入ってへんから、撮影出来たといってもフィルムも少ししか余ってなくって三枚くらいやったんですけど。

川口くんになんでこんなこと出来るんかって聞いたら、天野川《あまのがわ》トンネル近くにおったおじさんに教えて貰てんって言うんです。

どうしてそんな所に行ったんやって訊いたら、犬の散歩しとったら犬が天野川の方に行きたがったからやと答えられて。ＵＦＯなんて呼ぶん簡単や、口笛吹いて、宇宙人に心の中で自分の秘密を言うだけでええんや。電車乗る時に電車賃いるやろ、ＵＦＯの燃料は人間の秘密やねん。それも誰にも話されへんような秘密やないと燃料になれへん。

そういう話をおじさんから聞いて、その通りにしたら、呼べるようになってしもうてんと、川口くんが言うたんや。

まあでも実際、俺も何回もやってみてんやけど、川口くんみたいにＵＦＯは呼ばれへんかった。

そいで、学校でね、俺は皆に写真撮ったことと川口くんがＵＦＯ呼べる話をしてね、みんなの前でやってくれって頼んでみてん。そうしたら凄い顔で嫌やって断られてね。そのせいでクラスの皆から嘘つき呼ばわりされてしまって。悔しかったから、すぐに放課後に写真を現像しに行ったらＵＦＯがね、ブレてたせいか普通の羽虫が群がってるようにしか写ってなかったんです。

そうなると、もうなんか川口くんに腹が立ってきて、みんなの前でＵＦＯ呼ばんと許さへん、もうお前なんか友達やないからなって言ってやったんです。

そのやりとりを聞いとったクラスメイトがおってね「お前ら嘘つきやん。ちょっと仲いいからって、かばい合ってしょうもないこと考えんなよ。ＵＦＯなんておるかい」ってな具合に言われて。悔しいから、頼むから呼んでくれって何度も頼んだら、凄いもったいぶって、ＵＦＯを口笛を吹いて呼んでくれたんです。

ＵＦＯが来るとね、キーンというモスキート音と、お腹の上の辺がぐうっと押されるような気持ち悪さがあったんですけどね。まあ実際来たのを見たら、文句言うてた連中もぽかんと口を開けて、アホみたいな顔して見てましたわ。

川口くん、この調子でいっぱい呼んで、皆に見せてやろうなって言うたらですね、呼べるんはあと数回かも知れへん、秘密が足らんから。エネルギーが足らんで呼ぶとＵＦＯの中の宇宙人に怒られるねんって項垂《うなだ》れたんです。

なんやそれおもろないなあ、秘密なんていっぱいあるやろ。無かったら作ったらええやんかって、それからは何度頼んでも、川口くんはＵＦＯ呼んでくれんかった。

その頃くらいかな、川口くんの頭の後ろの毛が抜けて、頭皮が見えるようになったんです。子供は残酷やから、それを頭に出来たミステリーサークルやとか、からかってね。俺はなんやかんやいうて虐めには加担せんかったけど、川口くんとだんだん疎遠になってしもうて。

そんな時に急に、ＵＦＯの秘密を教えるから、また遊んでよって川口くんから声をかけられてん。

　虐めには加担してへんかったけど、庇ったりもしいひんかったから罪悪感もあって、誘いを断るのが悪い気がして、話に乗ってやったんです。

　学校の帰りにね、川口くんに付いてったら、家やなくって、どんどん町から外れた場所にずんずん進んで、線路近くの竹藪に連れていかれた。

　急に竹藪の中で、川口くんがしゃがんでね、手で地面を掘り始めたんです。

　しばらくしたら、なんかバラバラっと白い欠片《かけら》が出て来てね、なんやろって見たら小さい牙の付いた頭蓋骨や細い骨なんです。

　大きさからして、猫やったんかなあ。

　骨を一つ川口くんが拾い上げて、俺の方に向けて見せてね、これ全部、僕が生きたまま埋めてん。ＵＦＯやけどな、これでもう呼ばれへん。だって僕だけの秘密が、これで無くなってもうたからって笑っとった。

　それ以来、学年上がっても、一緒のクラスやってんけど川口くんとは一切話さへんかったし、目も合わさへんようになったんです。

　あとねえ、この話とは別に、川口くんの秘密を聞いてから、中学に上がるくらいの頃までよくＵＦＯを街中で見たんですよ。

川口くんが呼んだような小さいヤツじゃないんです。町の上にふらふらと結構大きいのんが浮かんどるんです。

雲とか飛行機とか凧とかじゃ、説明付かないような形と色と飛び方しとって、ぐるぐるぐるって渦みたいに巻くように点滅しながら飛んどったり、くらげみたいな動きしとったりするんです。


交野の辺りって星に由来する地名がようけあるでしょ、駅名にもなってる星田《ほしだ》に天野川、星の森、星田妙見宮《みょうけんぐう》、星田旭《あさひ》遺跡に南星台《なんせいだい》、天田《あまだ》の宮に月の輪滝とか。

ＵＦＯをあんなに簡単に川口くんが呼べたり、俺が何度もＵＦＯを見たんは、やっぱりおかしいと思うから、昔からこの辺りは星と行き来できる宇宙人の基地みたいなんがあったんと違うかな。


宇宙人の基地があったのかどうかは分からないが、町に星が降った跡は未だに残っている。

伝説によると星田妙見宮の滝は、隕石によって抉られて出来たそうだし、落ちて来た星もご神体織女石《たなばたせき》として祀られている。

星は三ヵ所に降ったらしく、光林寺と星の森にも降星伝説が伝わっている。

憂鬱なハイキング

幽霊とか見たことないし、心霊体験ってほぼゼロなんですけど、一回だけ不思議なことがあったんです。むっちゃ昔なんですけど、それ、話していいですか？

オンライン飲み会でそろそろお開きにしようかという流れになった途端、中学時代の同級生だった松村君が突然こんなことを言いだした。

松村君はもともと京都に住んでいたのだが、高校卒業後、就職をきっかけに大阪に移り住んだ。イベント企画が好きらしく、ネット上でいつも様々な集まりを考えている。

このオンライン飲み会も、連絡先を知っている者同士が「そもそも、オンラインで飲み会をやって楽しいのだろうか？」と実験的にやってみようと松村君が企画したものだった。

オンライン飲み会は一人が喋っていると、他の参加者が聞き役に徹さないといけないし、思ったよりみんな共通の話題がなく、なかなか盛り上がらなかったのだが、それはメンバーがあまり親しい間柄でなかったせいかも知れない。

ともかく、突然始まった怪談に、私以外の参加者は、ややうんざりという表情を浮かべているように感じた。

「妙見山に家族とハイキングに行った時の話なんやけど。小学校の六年生の時で、ほら、それくらいの年やと家族と一緒にどっか行くのって恥ずかしいじゃないですか。誰かに見られたら、何か言われそうやし。でも俺の親父は、こういう家族の誘いを断ると怒るんですよね。

ちょっと俺も早めの反抗期に入っとったから、行きたないって抵抗したんやけどね。当時ってまだ、子供はどついて躾ける時代やったやないですか、親父はつべこべ言うなってバーンとはたくんです。

俺と弟はそれを当時、親父による『暴力が支配する時間』やって呼んでました。親父がずるいのはねえ、俺が第二次性徴期に入った途端に、どつかへんようになったことやね。あれ、絶対に俺からの復讐をおそれてたんやと思う。そういうやつなんですよ。

朝早くに起こされて電車を乗り継いで、妙見山に行ったんですけどね、親父はほら空気がうまいやろうとか、景色が綺麗やろうって言うんやけど、こっちは全く面白くなかってん。弟も俺もそんなしんどい思いして山登ったりするよりも、家でゲームしていたかったから。だからバレたら絶対しばかれるの分かってたんやけど、リュックにゲームボーイ隠し持って行ったんです。

山に着いて弁当食べてから、親には弟と一緒にその辺りの景色見て来る、虫とか花とかもついでに観察してくるしとか適当言って、ひと気のない場所に行ったんです。

山の中をうろうろしとったら、ちょうど子供が二、三人すっぽり入れそうな土がえぐれた場所があって、そこでリュックからゲームボーイを取り出したんです。

ゲームボーイって、スイッチを入れると、NINTENDOのロゴでチャリーンのハズなのに、その時はロゴが出んと画面が真っ黒で、ホギャアって赤ちゃんの泣き声がして俺、めっちゃ凄いビビって、大事にしとったゲームボーイ地面に落としてしまったんです。

でも、かなり頑丈な作りやったんか、土とか付いていたけどスイッチ入れなおしたら今度は無事に起動して、弟と二人で小さい画面見ながら交代でゲームしてたら、小さい地震があって。

震度でいうたら二くらい？　ちょっと揺れた？　程度やったんですけどね。

土が崩れて来たら嫌やし、あんまし長いことここにおって、ゲームしてたんがバレたら親父に怒られると思って、戻ろうとしたんです。

そしたら足元に四つくらい、赤ん坊の顔みたいなもんが浮かんでて、口をぱくぱくさせとったんですよ。

俺も弟も、真っ青になって親父のところに戻って。

親父は猪《いのしし》にでも出くわしたんか？　って、俺らの顔を見て言いましたけどね。幽霊とか見たって言ったら、怒られそうな気がしたから、その時は熊か猪の気配があったから弟と逃げて来たんやって返事したんです。

この体験、最近まで忘れとって、なんでかふっと思い出したからインターネットで調べてみたら、妙見山って昔は仕置き場があったらしいんですよ。

罪人の処刑だけじゃなくって、揉め事の解決のための交換処刑とかもやってたらしくって。農民代表者の十名を二つの村からそれぞれ出して、身柄を互いに引き渡して、双方で斬首処刑ってのがあったヤバイ場所らしいんですよ。その十人も罪人とかやなくって、くじ引きで決められたらしいし。

それとあの赤ん坊が関係あるんかどうかは分からんけど、心霊スポットってそういう変なことあるっていうから。どうなんかなと。

ごめん、なんか酔ってるし、最後に幽霊の話とか、変やんな。今日はこれで終わりにします」

色々と聞きたいこともあったのだけれど、そんな風に初オンライン飲み会は終了となってしまった。

二回目を開催すると聞いていたのだけれど、今のところ私にはなんの連絡も来ていない。

鶴見緑地の怪談

二〇二〇年の五月、新型コロナ・ウィルス感染症により緊急事態宣言が発令されて、困ったのはうちにいる子供のことだった。

幼稚園も休みになってしまい、預ける場所もない。

小さな子を家にずっと閉じ込めておくのも可哀そうだし、どうしようかなと考えた。

「密閉、密集、密接」の三密を、感染拡大を予防するためには避ければよいということらしいので、人の少ない朝の時間帯に鶴見緑地公園に行くことに決めた。

とりあえず、これだけ広い公園ならば、密になりようがない。どれくらい広いかというと、園内を馬で走り回れるほどの広大な敷地があるのだ。

サッカーボールや縄跳びを持って行き、汗だくになるほど子供と遊び、公園のベンチで座ってお茶を飲んでいた時のことだ。

野鳥を観察に来たと思しき人たちが、近くをすれ違った時に「池の辺、まだ幽霊出るんかなあ」と言っているのを耳にした。

聞き違いではない、確かに幽霊と言っていた。

緑あふれる鶴見緑地は、かつて「国際花と緑の博覧会」、通称「花博」の開催地だった。今は当時のイベントの面影は殆どなく廃墟のようになった一部のパビリオンが残されているだけだが、花博はバブル期最大のイベントであり、総来場者数は二千三百十二万を超え、特別博覧会史上最高を記録するほど会期中、ここには大勢の人が訪れていた。

そして、私が小学生の時に、ここで連日幽霊騒ぎがあったことを思い出した。

みのもんた司会の番組や、全国紙や週刊誌でも当時大きく報道されていたので覚えている人も多いと思うが、花博の開催期間中に、いちょう館のパビリオンで何度も幽霊の目撃談が報告された。

コンパニオンが誰も居ないのに髪の毛をぐいぐい引っ張られたり、大勢の拍手の音が聞こえてきたり、落武者を見かけたという観光客もいたという。

他にもいちょう館の前で写真を撮ると、顔が緑や赤に染まって写ったり、変な物が写り込んでいたり、閉館後にエアコンのスイッチを切ると、パビリオンの天井から「あついよぅ」と声が聞こえたりしたそうだ。

当時、私の同級生の母親が花博会場で働いていて、子供に「あれ、本当よ」と聞かせていたそうなので、単なる噂ではないと思う。

試しに、地元の人向けの情報サイトに、当時の花博会場で不思議な体験をした方や記憶している方はいませんか？　と書き込みを残してみた。

すると花博当時の体験談は、残念ながら殆ど集まらなかったのだが、会場となった鶴見緑地で笑い声にずっと追いかけられた話や、大きな人の顔をした鳥にばったり出会ってしまった話などが収集できた。

三十年以上の長きにわたって、何かが「出る」と聞く鶴見緑地。

何故、その地で不思議なものを見たり聞いたりする人がいるのかは分からない。

天王寺駅界隈の怪談

天王寺に住んで長いという木村さんから聞いた話。

「死ぬ前に、誰かにこういう話をしとこうかなと思ってね。持病持ちやしね、でも仕事はしとるよ、警備員。葬式代くらいはね、自分で貯めておきたいし。いざ、お迎えが来た時に、誰にも迷惑をかけたくないからね。

色々変なもんは見たことあるよ。仕事中にも、仕事してへん時にもね。天王寺駅前のGビルのトイレあるやろ。あっこは男の子の幽霊が昔、ようおった。

服装はいっつも同じ。幼稚園児が着るようなスモックでね、下は青いズボン。靴下は白で上履き履いて出てくんの。

声だけの時もあんねん。かくれんぼしよるつもりなんかな。もういいよーとか、十まで数かぞえてたりね。

怖いかどうか言うたら、まあ怖いけど、仕事やし、ビビってたら恰好つかんでしょ。

あとねえ、四天王寺前夕陽ヶ丘《ゆうひがおか》駅。

あそこよう幽霊おるね。昼間でも見るで、普通のお客さんに交じってってね、途中でお線香の煙みたいに、すっと消えおる。

駅員の幽霊も見たことあるで。線路の脇で必死になにかを探しとってな、もうそろそろ電車来るのに危ないなあって見てたら、すうっと薄くなって消えた。

あとなあ、スパワールド脇の階段。あそこに時々もんぺ姿の女の人が、顔の欠けた赤ちゃん抱いて立っとるよ。

幽霊とちゃうけどね、凄いもん見たこともあってな。あべの筋と旧熊野街道の間に安倍《あべの》晴明《せいめい》神社ってあるやろ。ほら、陰陽師で有名な。

あっこもなあ、なんかおるよ。昔飲み仲間とぶらぶら歩いとってね、夕方時にな、大きな腕くらいの大きさと長さの百足《むかで》が、脚をザワザワ動かしながら、停めてあった軽トラの下に潜り込むのん見てん。あれは血の気が引いたなあ。

地名の六万体《ろくまんたい》とかも意味ありげやしね。近くの真光院に聖徳太子が六万体地蔵を埋めたんが由来らしいけど、六万体って当時は途方もない数やろ。

なんでそんだけの数を聖徳太子は埋めなアカンかってんやろうな。天王寺界隈は何かあると思うね。でも、不気味なとこもあるから好きやねんこの辺りが。なんかね、アカンもんが封じ込められてるような気がする土地やからね」

阿倍野区に聳《そび》え立つあべのハルカスにあった、子供服売場に勤務していたというUさんから聞いた話。

「わたしの職場のみんなが体験した話ってわけじゃないし、たいして怖くないんですけどね、売場にいると、たまにこう、クイっと後ろに髪の毛や服を下に向かって引っ張られるんです。

なんかに引っ掛けたか、変なお客さんかな？　って振り向いても、誰もいないんです。

それで、なんでかそういう目に遭うのは女性ばっかりで、しかも座って作業している時が多いんです。

で、誰が言うたんか忘れてしまったんですけど、あれ、髪の毛引っ張ってんのは子供と違うか？　って。背が届かないから、座っている時に髪の毛を引っ張るんじゃないかって。

それで、社員の同僚がある日、髪の毛を強く引っ張られた時に、後ろを振り向かないまま〝ママを探してるの？〟って聞いたんです。

そうしたら、小さい子の声で〝うん……〟って聞こえてきて。

もう、その人、売り場中に響き渡るような声で、わああって悲鳴上げたんですよ。怖かったというか、ビックリしたみたいで。

でね、髪の毛を引っ張られた人たち、なんとなく顔というか雰囲気が似てることに、後で気が付いたんです。

母親かもと思って、子供の幽霊が引っ張ってたんかなあって。

私は二、三回くらいしか体験ないし、気のせいかな？　って程度にしか思ってなかったから、そんなに怖くなかったんですけどね。

今はそのお店無くなって、別のテナントが入ってるんです。その子が今もママを探してるのかどうかは分からないです」


天王寺駅近くの商業施設に勤めている小川さんから聞いた話。


「幽霊、めっちゃおりますよ。天王寺多いですよね。普通の人みたいに見えるから、最初気が付かないんですよ。お客さんの中で、顔の半分だけ透けてたり、服装が季節と全く合ってなかったり、ちょっと違うんで、よーく見たら気が付くんですけどね。

うちの勤務先、別に自殺者が出たとか、そんなんじゃないんですよ。

閉店後に天井の辺りから〝アハハ〟って笑い声とかよく聞こえるし、休憩室の隅でひそひそと老婆の声がよく聞こえることもあって、みんな不思議に思ってるんですよ。

塩とか撒いたことあるけど、効果は無かったですね。

好きな物を扱う職場やから、辞めたくないんですけどね。お化けは結構、嫌やって思ってるから、これ以上続くようやったら、仕事変えようかなって迷ってて。

何か悪いことするとか、そういうのはなくって。でも、それでもやっぱ怖いじゃないですか。

開店準備してる時にガタガタってレジが置いてある机が鳴ったり、吊り下がってる服と服の間に微笑んでる日本髪のおばちゃんの顔が覗いていたりするんですよ。目が合った時に生きた心地しなかったし、他にも、黴《かび》った目玉みたいなのが塊《かたまり》でざわざわ連なって進む様子を、トイレで見たって人もいるんです」

お互いにおそらく面識はないと思われる人たちから、場所も年も違う時に収集した話なのに、幾つか奇妙な類似点があるように感じてしまった。

天王寺界隈に、多くの何かが本当にいるのだろうか。

犬のぬいぐるみ

天神橋に住む、保護犬のボランティア活動をされているYさんから聞いた話。

僕ね、実は昔やけど、親父に殺されかかったことあるんです。

親父は大手の法律事務所に勤務する弁護士でね、所謂《いわゆる》イソ弁でしたわ。

母親とはそこの勤務先で知り合ったらしくてね、結婚して三年目で僕が生まれたんです。

僕が小学校四年生の時に、親父が急に独立するって言ってね、北浜《きたはま》の辺りに綺麗なオフィスを借りたんです。

同僚がアソシエイトからパートナーになったのを見返してやりたいとか、そういう理由やったと思います。

今思えば親父は、えらい見栄っ張りやったんやなあ。

でも、タイミングが悪かったみたいで、親父が独立した頃から急に同業者の弁護士が増えだしたんです。知ってます？

新司法試験制度で、それまで年に数百人だった弁護士の合格者数が、数千人に増えて。

当時の小泉改革の影響ですわ。

それだけやのうて、親父は弁護士としては優秀やったみたいやけど、お客さんを引っ張ってくるのは下手糞でね。

母親が作ったホームページの問い合わせから来る客は月に二、三人やったかな。今みたいにインターネットで法律相談とかも知れ渡ってなかったから利用者も少なかったし、そもそもパソコン持ってる人も多くなかった。

それに親父は変にお人よしでね、利益よりもお客さんの相談にとことん付き合うタイプやったみたい。

金が無いって言われたら、支払いも待ってたみたいやしね。

そんな親父に愛想尽かして、浮気でもしとったんかな。うん、しとったんやろうな。僕が小学校六年生の時にある日、母親が手紙を残していなくなったんです。

いや、手紙の中身は知らないんですよ、親父があまりにも哀れでね。

部屋で手紙を握りしめて、ずっと親父はおいおい泣いてたから。

それから、親父ちょっとおかしくなって、お客が来ても生返事やし、電話対応も変でね。

アポもすっぽかしやってたみたいやし、そんなんやったからお客さんも完全におらんようになってしもうて。弁護士会の会費も払えんようになってね、仕事しばらく出来へんようになったんです。

オフィスも住んでたマンションも引き払って、そっから小さな市営住宅に引っ越しました。

中学生やったから、新聞配達でもなんでもするで親父、二人で頑張ろうや、って言ったんですけど、親父が僕の顔見て「そやな」と言ってニッと笑みを浮かべたんです。

その時の顔がこうなんとも言えず凄くってね。

親父のことを思い返す度に、あの時の表情が浮かんでしまうんです。

その翌朝、親父が妙に明るくてね、家の中が毎日お通夜みたいなんが嫌だったから、暗い気持ちで毎日おったんですけど、親父が珍しく元気そうな顔だったのが嬉しくって、僕も久々に清々しい気持ちで学校に行ったんです。

何かいいことあったか、新しい仕事先の目途でもついたんかなって、その日は思ってたんですよ。今思えばあれが、前振りやったんですけどね。

もし、あの日に戻れたらって、今も時々思うことがあるんです。

その日、学校に行く途中、黒いボロボロの犬のぬいぐるみが捨ててあってね、なんでかなあ、僕そいつが凄い可哀そうに感じて拾ってしまったんです。

雨水が染みてたんか、手にしたら、ぐじゅうって黒い汁が滴るような汚いぬいぐるみやったんですけどね。校舎の裏に隠して、帰りに抱えて持って帰ったんです。

風呂場で洗面盥にお湯溜めて、そこで洗濯して、水気を絞る時も、綺麗になるんやから、堪忍してねって言いながらギューッと絞って、そうしてからベランダに干してね。

別に僕、ぬいぐるみが特別好きとかそういうのもなくって、なんでかそいつがほっとけなかったんですよ。


その夜、なんかパッと目が覚めてね。喉が渇いたから水でも飲もうと立ち上がろうとしたら、体が少しも動かせないんです。金縛りみたいに。

首だけはなんとかちょっとだけ動かせたから、横に寝てる親父を見たらね、棒みたいな黒い影が親父を覗き込んでいたんですよ。

そしてね、急に窓がガラガラと開く音がして「もう大丈夫や、あんたは生きや。俺が身代わりになったるわ」って声がしたんです。

だれやろう、聞き覚えのない声やなあ、なんて考えるうちに、気を失ってしまって、目が覚めたら病院でした。

医者からは軽い一酸化炭素中毒やったって話をされてね、それからしばらくして警察から、親父が練炭自殺したことを聞かされました。

寝ていた部屋に、七輪で練炭炊かれてたんですよ。

遺書は履歴書の裏に、擦れたボールペンの字で書かれていたらしいです。嫌なんで遺書の現物は見てないんで詳しい内容は親戚から聞いただけなんですが。

遺書の内容は、上手く行かない人生の愚痴ばっかりだったみたいで、僕についてはただ一行、このまま一人生き地獄にいるよりも、早く一緒に楽になった方が幸せだとか書いてあったそうで。

警察の現場検証があって、どうして僕だけが助かったのかって話になったんですが、僕の方が窓に近く、若くて体力もあったから、無意識に窓を開けたんだろうって結論になったんです。

あの時窓を開けたのも、身代わりになったのも僕は、あの拾ってやった黒い犬のぬいぐるみやないかなって思ってるんです。

ベランダに干してたの、無くなっとったしね。

いや、ただ、そんな気がするってだけで、確証もなにもないんですけどね。

でも、あの日に犬のぬいぐるみを拾ってなかったら、親父とあのまま死んでいた気がして仕方がないんです。

Yさんとの取材は、何日かに分けて行なったのだけれど、毎回話を終えた後に、父親との出来事があった影響もあって人が信じられないし、誰に対しても不信感を持ってしまうと、とても苦しそうな表情で語っていた。

ただ、動物に対してだけはYさんは信頼を感じることが出来るという。

ここ最近、コロナ禍の影響で安易に飼い始めた人が増えたせいか、捨て犬や、捨て猫がますます増え、人の世界に対して信頼を無くしてしまっているというYさん。

現在保護犬のカフェも営んでいるというが、経営はかなり厳しいという。しかし、どんなに辛くても、純粋な目をした動物たちのおかげで仕事を頑張ることが出来るのだそうだ。

みぃさんの木

谷町《たにまち》七丁目の交差点東側道路のど真ん中に、推定樹齢六百年の楠木《クスノキ》が立っている。

周りはマンションに囲まれており、交通量が多い。

もともとこの場所には本照寺という寺があったそうなのだが、昭和十二年に道路拡張のため移転することになった。

そして楠木を伐採しようとしたところ、工事関係者が次々と、怪我をしたり病気に掛かってしまったり亡くなってしまったそうだ。

もともとこの楠木には、白い蛇の神様が棲んでいるとされており、その祟りだったのだろうということになり、楠木は楠木大明神として祀られその場所に残されることになった。

楠木大神から数十メートル離れた車道の真ん中にも、大きなイチョウの木がある。ここにも蛇神さんが棲んでおり、やはり切ろうとしたところ祟りがあったそうだ。

どちらも駅から近く、アクセスが容易なので、晴れた秋の日に取材に行くことに決めた。

楠木の傍には小さなお堂があり、中を覗くと小さな陶製の蛇が置かれていた。お参りをした後に写真を撮っていると、道を渡っておばちゃんがやって来た。

「みぃさんの木の写真撮ってるの？」

手には何も持ってないし、見たところこの近くに住んでいる人が、不審な私の姿を見つけて寄って来たのだろうか。

「あ、そうです」

「取材？」

「取材です」

そう答えると、私の顔をまじまじと覗き込まれてしまった。見た目が怪しいとこういう時、損だなと思ってしまう。

「こないだここに直木賞作家の先生が来て取材しとってんけどね。あんたは何してる人？」

「怖い話とか不思議な話を、集めるのが好きな者です」

作家と最初に名乗らなかったのは、そういうと自分をモデルに書いて欲しいとか、何を書いてるのかとか印税って幾らなん？　作家の○○って知ってる？　等と全然関係ない話に展開することが過去に多かったからだ。話を掲載する時には必ず説明し、こちらの事情や立場を説明するけれど、最初のとっかかりでは、不思議話や怖い話が大好き！　という風にしか私は名乗らないことが多い。

そう名乗ると、おばちゃんは「けったいやなあ」と笑った。

「ここ車来るから危ないし空気悪いから、喫茶店行けへん？　ここの社《やしろ》のみぃさんのこと、あたし詳しいから」

私はこの誘いを断り、名刺を渡して、メールかネット上での取材に応じて欲しいと伝えた。

そして、こんなやりとりをしたことさえ忘れてしまった頃に、おばちゃんからメールが来た。

内容はというと、指定した時間にこちらから電話をして欲しい。文章より喋って伝えたいからということだった。

土曜日の昼下がり、メールに記されていた電話番号にかけると、ワンコールで出た。

「もしもし、こんにちは。蛇神のみぃさんの木のことやけどね、祟りの話を知ってるんやけど話してええ？」

勿論、その話題は大歓迎であることを伝えた。

「あの楠木を切ろうとした作業員の人がね、チェーンソーで自分の股を切って大出血したって噂話を聞いたのが最初やね。せやけど工事の話は昔やし、二次大戦前後の頃やろ。本当に詳しく知ってる人は殆どおらんと思う。

でもな、あたしあの近くに住んでんのやけど、最近の祟りの話があって知ってんねん。最近って言うても平成の半ばと後半くらいの出来事やけどね、酔っぱらいがあそこの木の枝を折って、ぽいって道に投げ捨ててん。

そしたらその日、帰りに交通事故にあってね、睾丸片方摘出するほどの大怪我。近くのマンションの人やったから、かなり噂になってんで。

それとな、あそこのお堂で、いたずらにおしっこした人がおってん。そしたらな、その人急に呆けて、血圧高いのに生卵が大好物になってしもうてん。毎日一パックほど買って、外でずるずる飲んだり食べたりしとってんで。お醤油も無しでやで。

あとねえ、あっこに陶器の蛇があったやろ。あれを盗んだ子供がおってね、ポケットに蛇入れて自転車を漕いでたら衝突事故に遭うて、ジーンズ穿いてたのに蛇みたいなかさぶたが出来て、大変やったんやて。

あんたもね、あっこの楠木に悪いことしてみ。今でもえらい目に遭うで。

そうしたら絶対に教えてな。これは約束やと思うといて」

そして、んふんふと含み笑いのような声を出すとプツッと電話は切れた。

梅田にある龍王大神の大イチョウの木も、道路の中にある。

隣にあるスーパー「ライフ」の屋上に届きそうなほどの高さで、秋になると葉が黄金色に染まり、見惚れるほど美しい。

かつて大通りを作る際、このイチョウの木を切り倒そうとして斧を入れ、人が次々と変死したという話があり、根元には今も斧を入れた跡が幾つも残っている。

このイチョウの木には、竜の化身の白い蛇が住んでいると言われている。大阪大空襲の際、迫る業火がこの木の手前で止まった時に、白い大きな竜が火を遮るのを、空襲の炎を逃げ惑う中、見た人がいるそうだ。

現在、この大イチョウの木と対を成す「白龍大神」が太融寺の境内にあり、「龍王大神」は雄神で「白龍大神」は雌神だそうだ。

今も白い透けた大蛇が道路をいざる姿を、車の運転中に見かける人がいると聞いた。

このような伝説は、大阪市内で調べるとまだまだ沢山出てくる。

血を流す蘇鉄

安土桃山時代、堺《さかい》にある妙国寺《みょうこくじ》の庭に、大きな蘇鉄《ソテツ》があった。

南蛮渡来の物が大変珍重された時代だったこともあり、南方由来の珍木の噂を聞きつけた織田信長は、その木を大層欲しがった。

織田信長は周りの反対する意見に耳を貸さず、大勢の人夫に命じて寺の庭から蘇鉄を引き抜き、無理やり安土城まで運んで植え変えた。

しかし夜になると、蘇鉄が「堺に帰りたい、堺に帰りたい」と震えながら、声を出して咽び泣く声がする。蘇鉄の泣き声を聴いた信長は、女々しい木め！ と怒り狂い長刀で切りつけた。すると、蘇鉄の切り口からぶわっと鮮血が噴出し、辺りを赤く染めたという。

流石《さすが》の豪傑・信長も思うことがあったのか、それとも切りつけた傷が元で木が萎れてしまったせいか、妙国寺に蘇鉄を返すことに決めた。

そうすると、萎れていた蘇鉄は元の姿を取り戻し、戦火でも焼けることなく、現在も妙国寺の庭で青々と生い茂っている。

妙国寺の蘇鉄の樹齢は千年を超えており、ここまで古く大きなのは大変珍しいそうだ。

八尾のキリシタン

現在は東京にお住まいだが、一昨年《おととし》までは大阪に住んでいたという藤原さんから聞いた話。

藤原さんは飲食店に勤務していたのだが、コロナ禍の影響で店が閉じて、失業してしまった。失業保険が切れるまでに再就職をと思っているそうなのだが、不景気の影響もあってなかなか見つからない。もうどこかの店で働くのではなく、これからはユーチューバーになろうと決意したらしい。

そこで怪談の動画コンテンツを見つけ、その流れで、どういうキーワードで検索したのかは不明だけれど、私のツイッターアカウントにたどり着いたらしい。

かなりの歴史マニアらしく、特に藤原さんは戦国時代が好きだという。これ以外にも戦国時代の遺跡に関わる話を提供してくれた。

コロナ禍は嫌なことだらけだけれど、リモートワークが進んだ影響もあってかウェブ経由での取材が進み、遠方までわざわざ出かける必要がなくなったので、その点だけは感謝している。

「昔の話なんですけどね、僕は八尾《やお》に住んでいたんです。大阪の八尾って結構キリシタン関係の遺物がありますよ。

大友宗麟《おおともそうりん》の名代として選ばれて、安土桃山時代にローマに行った天正遣欧少年使節《てんしょうけんおうしょうねんしせつ》の主席正使・伊東マンショの墓碑も八尾にあります。

織田信長が死んで、豊臣秀吉の時代に変わってから、サン・フェリペ号事件が起こってキリシタン弾圧が始まったのはご存じでしょうか。

この事件はですね、フィリピンからメキシコを目指し、太平洋を横断していたスペイン船のサン・フェリペ号が、現在の高知県浦戸湾に漂着したのが始まりです。

土佐の大名・長宗我部元親《ちょうそかべもとちか》がサン・フェリペ号の漂流者の情報を豊臣秀吉に伝えた。大名から報告を受けた秀吉は、増田長盛《ましたながもり》を現場検証に派遣したのです。

当時まあ通訳もいたんでしょうけれど、日本とスペインとのルールも違い、意思の疎通の悪さもあったんでしょうね。増田長盛による調査のやりとりは上手く行かず、その時船員の一人が「日本を征服するためにスペインは宣教師を送り込んでいます」と暴言を吐いて、これも秀吉に報告されてしまいました。

その影響で、秀吉は怒りに怒って、黙認していた布教を禁止し、キリシタン弾圧に舵を切ったわけです。他にも様々な理由があったみたいですがね。おっと、安土桃山時代のキリシタン講義をするんじゃなかったですね。

八尾の西郷《さいごう》に共同墓地がありまして。子供の頃は、石が転がっている荒れ地で、不気味だから遊び場には出来ないとしか意識していなかった場所なのですが、実はその墓地は天正十五年秀吉のキリシタン弾圧が始まるまでは、教会だったんです。

大阪でキリシタンというと、摂津の高山右近が有名ですが、八尾にもいましてね。

池田丹後守は洗礼名をシメアンといって大層熱心な信者だったようです。でも、弾圧の影響により屋敷も教会も燃やされてしまったようで、その後、屋敷跡が墓地になったみたいなんです。

多分、潜伏キリシタンが作ったんでしょうね。そんな物があったとは、知らなかったし興味もなかった僕が小学生だった頃、こんな噂がありました。

あの荒れ果てた墓地には、鬼の死体と鐘が埋まっていると。

実際、鐘の音を聞いたって子は何人もいました。でも、それがお寺の鐘じゃなくってベルみたいな音で、僕も何回か聞きましたよ。ハンドベルみたいな結構コロンコロンというような軽い音でした。風向きによるんですけどね、家にまで聞こえてきたんです。

大人になってから、ふと地元の歴史を調べてみると、あの墓地の墓石は誰かが掘り出した物の一部で、もともとは殆どが埋まっていたことを知りました。

郷土史によるとですね、墓碑と「あんじぇ」と呼ばれた鐘があったそうです。鐘を隠すために信者たちが地中に埋めている作業をしていたところ、役人に見つかって、潜伏キリシタンだとバレてしまい、作業に関わった村人の家族全員が、壮絶な拷問にあったそうです。

拷問の記録も残っていまして、水牢に入れられたり、耳や鼻をそがれた上に重たい石を膝上に置かれる、石抱きまでされた者もいたそうです。

水牢というのは、膝丈くらいの水が張られた縦に長い穴に入れられて、上に蓋をされるんです。冷たい水の中で立ったまま、糞尿も垂れ流すしかなく、眠ることも出来ないという拷問なんです。そんな酷い拷問の末、処刑されて、キリシタンの人たちは鬼利死丹《キリシタン》と書かれて遺体をさらされたそうです。

それから夜な夜な土が鳴く、オラショが聞こえるという噂が、既に当時からあったみたいですね。そして鐘の音も聞こえるといった人もいたそうです。

江戸幕府の役人は流言飛語を許さんと、辺りの住民を厳しく取り調べたのですが、噂は止むことがなく、音を止めるために墓地を掘り返して埋まっている物を川に捨てることに決めたのです。

しかし、土を返そうとしたところ、腹痛で役人が倒れてしまった記録が残されています。

それでも一生懸命掘り返し、墓碑に縄をかけて動かそうとしたようですが動かず、その上、鐘の音が足元から聞こえて、発狂した役人もいたとか。仕方がないので村人に召集をかけて墓碑を川に捨てさせようともしたのですが、やっぱり関わった人がゲタゲタ笑いながら土を貪り始めたり、失禁しながら踊りだしたりと、おかしくなったとかで、皆諦めるしかなかったと記されています。

今は保存されてますけど、この墓地にあった墓碑ね、昭和の六十年くらいまでは、本当に草ぼうぼうの荒れ地の中に、墓碑が無造作に転がっていました。怖くてきっと誰も手を入れられなかったんだと思います。

八尾には手塚って呼ばれる場所がありまして、そこに鬼だか妖怪の手が埋められているから手塚と呼ばれるようになったらしいっていう説と、キリシタンのそぎ落とされた手が埋められたから、手塚っていう説があるみたいです。

鬼利死丹の当て字のせいで、鬼と陰で当時は呼ばれたそうですからね、きっとキリシタンという言葉を出すことさえ厳しい時代だったんでしょう」

八尾は伯母が住んでいた関係もあり、よく行く場所なのだけれど、八尾の隠れキリシタンに纏わる話は全く知らなかった。

怪談を通じて、思わぬことを知る機会も多い。

大阪の「お化け」

地域の伝承を集めているという川口さんから聞いた話。

「節分の日に仮装するお化けって行事やけどな、元は大阪から京都に伝わったものなんやで。最近京都の方でやっとるからか、古い京都の花街の伝統みたいに思ってはる人がおるみたいやけどね、大阪が起源なんです。まあ、大阪と京都は変に張り合うことが多いから、こういうことを京都の人に言っても、またまた大阪はんが何か言うてはるなあみたいな反応しかされんけどね。そもそも大阪の人間が、文化を大事にせなんのが悪い。

結構、他所《よそ》の土地に残ってる伝統行事も、元を辿ったら大阪が発祥の地だったりするんやけど、大阪にはもう残ってないとか、やってない、覚えとる人間もおらんってなことがようあるんです。

お化けの風習は昭和の四十年くらいまでは、下町の家々でやってるところもあったんやけど、いつの間にか廃《すた》れてしまってね、京都の方は花街と相性が良かったんかな。あっちはまだ残っとるみたいやね。

これはもうずうっと昔の話になるんやけど、俺が学生やった頃、節分のお化けで女装して、街中へ繰り出したことがあるんや。

なんでか知らんけど、当時お化けは女は男装、男は女装いうのが多かったなあ。普段せんような恰好して鬼を混乱させるとか、そういう話を聞いた気するけど、理由は分からん。

お化けの日はな、仮装しとったら、普段はどっからも相手にされんような金の無い学生でも、店でふるまい酒やら盆に載った豪勢な料理を飲んだり食べたり出来たんや。

それで酒に酔うてね、化粧もし慣れないから白粉《おしろい》が剥げて、本当のバケモンみたいな顔して仲間とでかい声でバカ話しながらぶらぶら歩いとったら、どんっと、なんかにぶつかった。

電柱かなと見上げたら、二メートル近くある大女がおってね。振り返ってぺこって頭を下げられたんやけど、なんか変やって。

なんやろう？　なんやろう？　と不思議に思いながら大女の足を見たら、虫の足みたいにギザギザが付いてて真っ黒で、もう見るからに人間の足とは違うんやね。義足とかやないね、生き物やけど無機質なテラテラした感じのする足で、細かい毛もびっしり生えとったんを見たん覚えとるから。

もうそれ見たら、俺も一緒におった悪友連中も皆、酔いも吹っ飛んで、わあわあ叫んで帰った。

酔っとったから、知り合いからは電柱を見間違えただけやろアホやなって言われたんですけどね、お化けの日は人が普段違うもんになるやろ。お化けはな、女装や男装だけやのうて、バケモンの姿に仮装することもあったんです。だから逆にね、バケモンが人間の姿をすることもあったんちゃうかなあって思っとるんです。

あん時の俺が会った、人に仮装したバケモンも、今はどうしとるんかなあ。人は見たもんしか信じひんって言うけどね、俺の場合は実際に見たからね、信じるしかないんやね。こういう話をして、大阪でもお化けをやってみよかなという人が増えてくれたら嬉しいで。そうしたら人らに混ざってね、ああいう人やないもんも戻って来るやろうから」

私が節分のお化けの行事を知ったのはホラー作家の森山東さんが京都を舞台に書いた作品『お見世出し』の収録作「お化け」だった。

なので、京都だけに伝わる古い風習だとばかり思っていた。

節分お化けの行事の発祥が大阪なのか、京都なのかは、私には分からない。ただ調べてみたところ、現在でも大阪の北新地《きたしんち》で節分のお化けが行われているようだった。

大阪に長く住んでいてもまだまだ知らないことだらけだと思い知らされることが多い。もっと多くの人から色んな話を聞きたいと、怪談会の度に思ってしまう。

神農に会った話

「大阪の祭りはえべっさんに始まり神農《しんのう》さんで終わる」

大阪の「とめの祭」とも呼ばれる神農祭の「薬祖講」の行事に纏わる不思議な話を、一月の初めの頃に、雪がチラつく寒さの中、缶コーヒーで暖を取りながら聞いた。

話をしてくれたのは、弁天町《べんてんちょう》在住の樋口さん。屋内で話すと感染リスクがあって怖いんで、感染する可能性が低い外で、ソーシャル・ディスタンスを保っていてマスクをして話しましょうと言われたので、屋外での怪談取材となった。

「コロナで世の中が色々と大変なことになっとるやないですか。だから僕ね、ご利益のありそうな神農さんに行ったんです」

神農さんと呼ばれている神農祭は、文政五年（一八二二年）に大坂でコレラが大流行した時に、道修町《どしょうまち》の薬種仲買仲間が病除けの薬として「虎頭殺鬼雄黄圓《ことうさっきうおうえん》」という丸薬を作り「神虎」（張子の虎）と五葉笹をお守りに授与したことが始まりだそうだ。

コレラの疫病退散が起源の祭りなので、コロナ禍の早い終息を願い参拝する人が多くいるようだ。

マスクで眼鏡を曇らせながら樋口さんが語ってくれた。


「マスクと手洗いだけは欠かさないんやけど、もうコロナそのものをどうにかして欲しいって思いで、神農祭に行ったんです。

例年と比べたら人は少なかったんですけど、やっぱ困った時の神頼みなんやろか。結構、笹を授与する場所は混んでましたねえ。疫病退散祈願で疫病を貰ったなんて洒落にならんから人混みをなるべく避けて、神農祭の笹だけを貰ってさっさと家に帰ろうと思いまして。さささーっと笹を授与して持参した紙袋に入れて、電車乗って家の最寄りで電車から降りたんですよ。

そしたら、手に持ってた、神虎のついた笹を入れた紙袋が無いんですよ。うわあ、しまったあ、あんなに遠くまでわざわざ行って、笹貰ったのにアホやなあって呆れてもうて。多分、忘れたん電車の中やと思ったんで、仕方ないから駅員さんに忘れ物として届いてないか連絡入れたんです。で、寒い日やったからお風呂に入ってぬくもってたらね、脱衣所で紙袋をくしゃくしゃにするような音がするんです。

俺、一人暮らしやから鼠《ねずみ》かなんかかなって、風呂から上がって、脱衣所に出たら鏡の前に、全裸で半透明の女が浮いてたんです。意味わかります？　体がね、クリオネみたいに透けとったんです。内臓の部分は赤い紅を指したみたいにちょっと赤くて、血が走る血管部分も体ん中で見えて、頭や手足の先は氷砂糖みたいな色していました。

で、えええええって声を上げたら、蝶々が舞うみたいに、ひらひらと手を大きく動かしながら窓の方に行ってね、目の前で溶けたみたいに一瞬でぺちゃんこになって消えたんです。

意味不明なもんに遭遇してもうたなあって不思議な心地で、半透明の女の人が立っとった場所の辺り見てみたら、床にべたっと濡れた笹の葉が一枚落ちとったんです。

落ちた笹の葉を拾い上げた時に、雷に打たれたみたいに、ああっ！　って気が付いたことがあったんですよ。

それは何やったかっていうと、さっきいた人は、もしかしたら神農様やったんと違うかなってことなんですよ。だって、体が透けとったから。

伝説によると、神農様の体は脳と四肢を除いて透明で、内臓が外からはっきりと見えたって書いてあったし。

神農様は透けた内臓を民に見せながら、野の百草を食べて毒か薬かを調べて、毒があれば透けている内臓が毒気で真っ黒くなるので、食べられる草なんか、食べられへん草なんか、薬になる草なんか、どんな薬効があるかを教えることが出来たらしいんです。でも、絵や彫刻で伝えられる神農様は、俺が見たような女やなくって、牛の角が額にあって木の葉の衣を纏った男なんです。

理由は分からんけど、コロナで大変な世の中やから、神様も心配してあちこち笹を持って見まわったりしてるんかなと思ってます。

結局、電車で無くした神虎が付いた笹は見つからなかったんですけどね。

多分、紙袋に入れて持ち歩いてたからゴミと間違われたか、誰かが持ち帰って、面倒くさいから拾得物届けを出さなかったんじゃないかなと思ってます。

他の土地はよう知らんけど、大阪は年の初めのえべっさんも笹がいるし、止めの祭りの神農祭も笹がいるでしょ。なんで笹なんかは知らないけど、きっと大切な依代《よりしろ》か何かなんやろうな」

樋口さんから聞いた話が気になったので、どうして笹を飾るのか調べてみた。

諸説あるようなのだが、笹は、真冬でも青々とした葉を茂らせる強い生命力にあふれており、まっすぐに育つので病魔を退け、福を招くからというのや、苦難や逆境に耐える植物だから、辛い時に笹を見て気持ちを奮い立たせたといった由来があるらしい。

信貴生駒スカイラインの幽霊

信貴生駒《しぎいこま》スカイラインは奈良県と大阪府にまたがる有料道路だ。

かつてここにはトップクラスの関西の走り屋が集まっていたこともあって、事故も多かった。中でも有名な大事故は一九八〇年台のバイクによるもので、その影響によって現在二輪車は通行禁止となっている。

幽霊の目撃談も多くあり、首無しライダーや赤い血まみれのバイクに追われる話、背中に幽霊を背負って走行するライダーや、ボロボロの傷だらけの全ヘルで古いバイクに乗っているヤツに追い越されると事故ってしまう、なんて噂もある。

これは、講談師の旭堂南湖《きょくどうなんこ》さんが主宰のＺｏｏｍを使ったオンライン・イベント『怪談百物語～みんなで語ろう百物語～』での呼びかけで知り合った、放出《はなてん》に住む翻訳者の伊藤さんから聞いた話。

「信貴生駒スカイラインのトンネルを越えて、ちょっとその先にあった見晴らしのいい場所でソロキャンプしたんです。コロナの影響でテレワークで殆ど家におったんで、久々の野外は爽快でした。冬やからか、人も僕しかおらんかったし。

全く密になりようが無かったですしね。街中は僕ビビりなんで、よう出歩きません。それに持病持ちの親と住んでるんで、余計怖いんですよ。ほら、基礎疾患があると、コロナに感染したら本当に危ないって聞くじゃないですか。

ソロキャンプと言っても、テントを張らない車中泊だったんですけどね。通販で買ったキャンプ用品を色々と試したかったんです。

携帯食を温めたり、豆からコーヒーを挽いて山ん中で淹れて飲んで、ほっとして。ああ、ええなあって思って、時計見たら夜の十時ちょっと前くらいやったかな。

風もそこそこあったし、寒かったんで、車の中でシュラフに包《くる》まって寝ようとしたんです。

携帯ゲームをちょっとやりながら、シュラフの中でうつらうつらしてたら、車の周りがザワついてるんですよ。風で木々が鳴ってるんやなくって、スタジアムの歓声が遠くから聞こえてくるような騒がしさやったんです。

なんやろうって外に出たら、暗闇の中になんか気配があるんです。こう、息を潜めて何人も隠れているような。

風でざーっと木が揺れて、車が通るエンジン音が時折聞こえる。なんかおる気配がする。動物やなくって人が考えながらこっちをじとーっと見ているような雰囲気。

でも暗いし、街灯の周りでしか何があるんかよく見えない。仕方なく、車の中から懐中電灯持ってきて辺りを照らしたんです。

そしたらね、山の方から何かが下りて来るんです。

なんやろうって、見たらスニーカーを履いて、頭が妙に歪んだ男が、林の間から木の枝を手に持って、体を左右にゆらゆらさせながらゆっくりと歩いて来ました。

恐怖は全くなかったです。むしろなんだか楽しそうな不思議な光景でした。

頭がぐにゃあと飴細工というか、ムンクの『叫び』の絵の中の人みたいに歪んでたんです。

そいでね、なんか歪んだ男の体からガソリンの臭いがプンプンするんです。

僕は、なんやこれ、幽霊か？　怪物か？　そうやとしてもリアルすぎやろって、スマートフォンを取り出して、撮影しようとしたら「っちゃあっそぉおめぇ！」って男の体から声がしてパッと目の前で消えたんです。なんや消えよって、消えんるんやったら最初っから目の前に出てくるなやって、ムカついて、また出てこないかなとスマートフォンを持ったまま、車の近くでじっと待ってたんです。

でも夜の二時過ぎくらいになって、辺りの空気というかその場の雰囲気が急にぞわぞわっと変わって怖くなって。

怖くて、怖くて。何があんなに怖かったんか、わけが分からんくらい怖くって。車の中で、比喩やなくて本当に震えてました。その時は窓の方も見れないし、ちょっとした物音でも飛び上がるくらいに恐ろしく感じて。

自分でもさっきまで平気やったのに、なんでこんなに怖くて仕方がないんか、分からないんです。

朝が来た時にはほっとしました。冬やったのもあるけど、あんなに長く感じた夜はないです。

もう一回、あれを見たらどんな気持ちになるんか、自分も分かりません。

後でキャンプした場所を調べたら幽霊とかで有名な場所みたいって知りました。

当分はね、休みの日もキャンプもドライブもせんと、ステイホームの予定です。やっぱり家の中が一番安全な気いします」

榎ばばあ

不思議な話が大好きで、お化けハンターになりたいと言っていた旭区在住のUさんから聞いた話。Uさんは紫とピンクのメッシュが入った白髪を伸ばし、服装もポンチョと着物を合わせたようなのを着ていて、首からはいろんな宝石がじゃらじゃらと付いたネックレスを束ねて下げていて、両手の爪を五センチ以上の長さに伸ばしている。

見ようによっては、Uさん自身がちょっと妖怪っぽい。

ちなみにUさんが以前住んでいた部屋の押し入れには、特に悪さをするわけでもないが、座敷わらしのような子供のお化けが住んでいたのだそうだ。

「今市《いまいち》一丁目の宝龍寺の境内にな、昔、榎《えのき》ばばあってお化けが住んでたんです。腰の下に榎の木の枝と葉っぱだけを付けた姿で、木の上でじっと人が来るのを待ってて、下を人が通るとねえ、その人の親しい人の声を真似して、名前を呼ぶんです。

そして、ん？　とでも返事したら木の上に吸い上げられて、目玉を抜かれたり、腰が立たんようにされて、喰われてしまう。

だから榎の木の下では、どんな人の呼びかけでも決して返事したらアカンかってんて。

でも、度胸のある人が、木の上に登って、丁度昼寝しとった榎ばばあの髪の毛を引っ張って、木から引きずり降ろして、鉈《なた》でずっぱりと体を切り裂いて退治してしもうたんやて。

だけどな、その後も、榎ばばあは人こそ襲わんようになったけど、たびたび木の上で見かける人がおったらしい。不死身やったんかな。

宝龍寺に、榎ばばあが住んどった榎の木は今は無いんやけど、天然記念物に指定されてる樹齢八百年以上の楠《くすのき》の木があるねん。

その木はな、豊臣秀吉が大坂城を造る時に、天守閣の棟《むね》がなかなか上がらんくて、凄い困らはってんて。

そうしたらなあ、秀吉の夢に白い大きな蛇が現れて、私は大楠の主《ぬし》であると告げて、祀らないから大坂城の天守閣を建てるの邪魔してると言うてんて。

秀吉が調べたら確かに大楠があったから、その祟りやろうって木を祀ってん。そうしたら天守閣の棟も無事上がってんて。

白い蛇さんのいる木より、榎ばばあのいた木の方が残って欲しかったのになあ、今は榎だけ無いのは悲しいな」

Uさんは心の底から残念そうに言っていた。

だが、お化けは気まぐれに住処を変えることがあるそうなので、もしかしたら今も大阪市内のどこかの榎の木に、榎ばばあがいるかも知れないということだった。

四ツ橋のプラネタリウム

大阪市内で長年、学校の先生をしていた斎藤さんから聞いた話。

オンラインでの取材は、ラフな格好をしている人が殆どなのに、斎藤さんはネクタイもビシッと締めた背広姿で応じてくれた。


「今、大阪のプラネタリウムは中之島《なかのしま》の辺り、リーガロイヤルホテルの近くに移転してしまったけれど、昔は四ツ橋《よつばし》にあったんですよ。その四ツ橋に設置されたプラネタリウムが日本初、いやアジアで最初に設置されたプラネタリウムだったんです。

当時は今より公害も酷いし、空気も汚かったので、夜空を見上げても街中では殆ど星なんて見えなかったんです。街灯とか町の灯りは今の方がずっと多いんですけどね。

だから、昼間に街中で幾万の星が見られるなんていうのは、そりゃ魔法や夢みたいな話で、出来た当初は凄い人の入りでした。

わたしが、初めてプラネタリウムに行ったのは弟とで、早い時間のチケットは既に全部売り切れとってね、最終の時間のをやっと買えたんだったかな。

もう随分と昔の話なんで、記憶が定かやないところもあるんですが、まあ最初暗くなって上を見上げて、ばあっと星が広がったのを見た時は静かにしないといけないのに、思わずわあっと声が出るほど感動しました。

でもね、しばらくするとね、首が痛い。

じーっと同じ体勢で上を見上げているから、首にきたんでしょうね。それでも夢中で映し出される星を見ていたら、鼾《いびき》が聞こえてきたんです。

ガーガーとね。マイクでの星空の説明も聞き取りにくいし、迷惑だなあ、誰だろうと思ったら、隣に座っている弟でした。

体を揺すって起こそうとした時にですよ、白い手が椅子の間からズルズルと蛇みたいに伸び出て来てね、寝てた弟の耳を抓《つね》ったんです。

弟はそれでも起きないで、気持ちよさそうに寝てて。あれは人の手じゃないのは分かっていたもんだから、立ってプラネタリウムの外に出ようかなと思ったけど、反対側の席に座っていたのが、怖そうな大人でね。

あの白い手が自分のところに来たらどうしようと、怖くってしょうがなくて。

もう天体ショーどころやなかった。そして指を噛んで早く終わらないかなと耐えていたんだけど、恐れていたことが起こって、白い手が今度はわたしの方にすうっと伸びてやって来たんです。

なんとか体をひねって、手をどうにかしたいと思ったけど体が凍らされたみたいにガチガチに固まってしまっていて。白い手の先には長い爪がついててね、わたしのほっぺたのところをカリカリと引っ掻いたんですよ。

多分、なにか文字を書いて伝えようとしてたんじゃないかな。爪で文字を書くような感触だけが、プラネタリウムの闇の中でも分かりました。手は見たくなかったから、ぎゅっときつく目をつぶってて。

しばらくしたら、弟の声がして目を開けたら、プラネタリウムの中が明るくなっていたんです。弟はのんきな声でね『なんや兄ちゃんも寝てたんや。損したなあ、入場料。しゃあないからまた来ような』なんて言うんです。

当然それ以来行ってなくて、いつのまにかプラネタリウムも移転しちゃったんです。あの時の手がほっぺた引っ掻いてなにを伝えたかったんかなって、たまに思い出して考えてしまうんです。もしかしたら星座やったんじゃないかなって気もするんです。

今となっては分からないですが。大阪はお化け多いですよね。

親戚に、見える人がいましてね、京都や奈良より何かを感じることが多いって聞いてますよ。生きてる人と同じで、目立ちたがりが多いんか、未練がましいんか理由は不明ですけどね」

くろもんご

大阪に纏わる怪談会をやりますよとネットで告知を行なったところ、八名の方が参加してくれた。

その中の一人、現在北区の会計事務所に勤務しているという小川さんから聞いた話。

「大阪といえば、多分真っ先にたこ焼きを思い浮かべる人がおるんと違うかな。
昭和の三十年くらいにね、誰かから聞いたんやけど、大阪府内のたこ焼き屋は一万軒ほどあったらしい。そんなたこ焼きに欠かせんのが、爪楊枝。
箸やと摘んだ時にまあるいたこ焼きが潰れやすい。やっぱり、熱々なんを爪楊枝二本でそのまま口に運んで、とろっとしたのが口の中でじわっと溢れてくるのを味わうのが一番やと思うね。知ってるかも知れんけど、爪楊枝って大阪の河内長野《かわちながの》が生産数、なんと世界一。爪楊枝のことを黒文字《くろもじ》って呼ぶことあるでしょ。普通は黒文字って呼ぶのは茶会で使う道具みたいな楊枝でしか使わんけどね。せやけど、自分が昔住んでた所では普通の爪楊枝も〝くろもんじ〟とか〝くろもんご〟って呼んでた。

自分が小学生の頃に〝くろもんご〟に目を突かれるって噂があって、俺は二の腕突かれたことあるとか、お腹を突つかれたとか、口裂け女みたいな都市伝説でしょうか、そういう話があった。

中には〝くろもんご〟に太ももやられたとか言って、赤い点みたいな傷を本当に見せる子も何人もおりました。いつの間にか爪楊枝の呼び名から、怪人の呼び名みたいな使われ方もしとったわけです。

噂は割と長いこと続いてあって、他の小学校にはなくて、どうしたわけか、自分が通っていた学校でだけ騒がれておったんです。

公園に、時々〝くろもんご〟がおって、たこ焼きを乗せてる発泡スチロールの船にね、血まみれの爪楊枝を乗せていて、それで目を突くなんて話で朝から持ち切りやった。

当時は今みたいにインターネットもないし、単なる噂なのか真実なんかは、子供同士の話だけやと見極めが難しかったんです。

だから、登下校中や、公園で遊んでいる最中に〝くろもんご〟が来たらどないしようと、怖がっとった。

最近は表札掲げてる家も減りましたが、昔はどこでもあったでしょ。木で出来た表札にねえ、ぶっすりと〝くろもんご〟が刺さってることがあって、それは自分が住んでた家の表札にやられたんで、実物を見ました。

親は子供の悪戯や、けしからんってな具合で、警察に届けたりはしてませんでしたな。表札って雨風に耐えるように固い木で作られてるでしょ。そして爪楊枝は皆さんも知ってはるように、柔かくて、すぐにポキッと折れる木で出来てます。

なのに、どうやって爪楊枝を半分ほど表札に刺せたんか、不思議やなあと。

かなり昔に、この話をブログに掲載してみたら〝くろもんご〟を知ってる、実際の被害者やったって人に会うことが出来たんです。

その人は同じ小学校出身でもなければ、知り合いでもなかったんですけど、やはりその人の住む地域でも〝くろもんご〟と呼ばれる、子供を楊枝で突く人がいたという噂があったそうで。

その人は、小学校の四年生の時に、お使いに行った帰りにね、詰襟の学生服を着たお兄さんに、耳にピアスをくろもんごで開けられそうになったっていうんです。

耳たぶを摑んでいきなり爪楊枝を突きつけたそうで、ビックリしてお使いで買った酒瓶を落として割ってしまったそうです。

その時は大きな声を出したおかげか、それ以上のことは無かったらしいんですが。

こういう話を聞いたり、思い出したりするとね、口裂け女とかも、どっかに本当におった人なんちゃうかなあって思うんです」

いけにえ

大阪市内で現在、製造業を営んでいるTさんから聞いた話。

高校の時、友人と二人で川の堤防を歩きながら、ペットボトル飲料を片手に、どうでもいい話をしていた。

暑い夏の日だったので、だらだらと汗が流れ落ち不快だった。「あっちぃなあ、なんやもう空《から》かあ」Tさんの友人は中身のないペットボトルを川に向けて投げた。

すると、ペットボトルはすっと消えるように川に沈んでいった。

空のペットボトルなんだから、沈まないで流れていく筈だよなとTさんは思ったが、暑さのせいもあって深く考えず、友人と話しながら家に帰った。

けれども、何故か、その沈んだペットボトルの光景だけが印象に残り、Tさんはしばらく忘れることが出来なかった。そして、同じ年の暮れに友人がその川で亡くなった。

死因は事故と自殺の両方で調べられ、今も原因は不明だそうだが、学校で友達も多く活発なタイプで、部活でも活躍していたから、自殺の線はないだろうとTさんは思っている。

そんなTさんは、ある日図書館に行った時に、地元の郷土史本が目に入ったので、何気なく手にとった。

そこには、こんな話が載っていた。

この町の堤に橋をかけようとしたが、川の流れのせいで、何度も土台が崩れてしまった。そこで橋を建てるために、人柱を堤に埋めることに決めた。

しかしどうやって人柱を決めればいいか分からない。仕方がないので、人柱の選び方を神社の宮司に聞いたところ、決して沈む筈のないものが沈んだら、神様がその人を求めた証拠となる。なので、瓢箪《ひょうたん》を村人が順番に投げ入れてみよ。沈む筈のない瓢箪が沈んだら、その人は生贄として川の神が選んだという意味になると告げられたと、書かれていた。

沈まない筈の物が沈んだという一文にTさんは、友人のペットボトルが沈んだ時のことを連想してしまった。

「あいつ、もしかしたらなんかの生贄になったんかな」ふと、そんな独り言が口から出て、Tさんはゾッとしたらしい。

後日、偶然Tさんと買い物先で会ったので、この話に出て来た郷土史本についての詳細を聞いてみた。

すると、今日はちょっと無理なんでと断られたのだが、二月《ふたつき》ほどしてからTさんから連絡が来た。

「あの、どう話していいか分からなくって。図書館で見つけた郷土史本なんですが、探したけど見つからなかったんです。でも、強頸絶間《こわくびのたえま》の話なんで、それだけ言っときます」

これだけを伝えられ、調べてみるとこんな伝承が見つかった。

淀川の水害を避けるために茨田《まんだ》という場所に堤を築こうとしたのだけれど、二ヵ所だけ何度築いてもすぐに壊れて塞ぐことができない難所があった。

すると、当時の天皇の夢に神が現れて「武蔵の人、強頸《こわくび》と河内《かわち》の人である、茨田の連衫子《むらじころもこ》の二人を川の神に捧げたなら、必ず堤を完成出来る」と知らされた。

武蔵の人、強頸は嘆き悲しんで川に人柱として沈められ、難所の一ヵ所の堤は完成させることが出来た。だが、河内の人・連衫子は、夢枕に立った神のお告げを信用出来ないとして、こんなことを言い出した。

「瓢箪を二つ川に投げ入れて、この瓢箪を水の中に沈めることができれば、本当の神のお告げと思って、私は水の中に入って死んでやろう。瓢箪を沈めることができなければ、それは偽りの神のお告げであるだろうから、死ぬことは出来ない」

するとどこからともなく突風が巻き起こり、瓢箪が水の中に引き入れられそうになった。だが、軽く浮き沈みを繰り返しはしたが、瓢箪は波の上を転がるだけで決して沈まず、川面に浮かんだままで流れ去った。

それで連衫子は人柱にならず、難工事であったけれど堤も完成することが出来た。その堤の難所の二ヵ所を強頸絶間、衫子絶間とそれ以来呼ぶようになったという。

Tさんから聞いた話と詳細は異なるが、調べたところ、こんな伝承だということが分かった。

強頸絶間が人柱になったのではないかと言われる場所は、大阪の旭区の千林《せんばやし》にある。普通の住宅地の片隅にあり、案内板だけが当時の記憶を物語っている。

遊園地で

今は解体されて無くなってしまった、万博公園近くの遊園地であった不思議な出来事を、遠藤さんから聞いた。

「もう何十年も前の話なんですけどね、ある日急に体がむずむずして、一人でモノレールに乗って遊園地に行ったんです。遊園地に来ること自体が久々で、なんで一人で行こうと思ったのか覚えてないんです。乗り物とか嫌いやし。

行ってみたものの、何をしたらいいか思いつかなかったんで、ぶらぶら散歩しながら、みんな楽しそうやなあって周りの人をただ眺めてたんです。

その中でね、出会ったです。あの、もう亡くなっている漫画の神様に」

遠藤さんは興奮気味に身振り手振りを交えて、話を続けてくれた。

人混みの中で見たその人は、古い型の灰色のコートを着ていて、トレードマークのベレー帽こそ被っていなかったけれど、特徴的な形の眼鏡を掛けており、振り返ったその顔は「漫画の神様」と呼ばれるあの人にそっくりだったそうだ。

小さい頃に、遠藤さんは宝塚のイベントで一度だけ、生きていた頃の「漫画の神様」に出会ったことがあり、握手もしたという。

だからその人が、他人の空似だとしても感動して、体が震えたそうだ。

「あの」と遠藤さんが声をかけると、くるりと背を向けて、その人はすたすた歩き始めた。走っているわけでも、小走りでもない普通に歩いているだけにしか見えないのに、遠藤さんとの距離はどんどん開いて行く。

「先生、先生」と言いながら、遠藤さんは走って、その人を追いかけた。

足には自信のある遠藤さんなのだが、全く追いつくことが出来ず、やがて、人混みの中で見失ってしまった。


遠藤さんは、その日は閉園間際まで、足が棒になるほど隈《くま》なく歩いて探し回ったのだが、その人を再び見つけることは出来なかった。

遊園地で見た人が、天国からひょっこり戻って来た「漫画の神様」かどうかは分からないけれど、遠藤さんは忘れられない不思議な体験として、今でも追いかけたあの日を思い出すだけで胸が熱くなるという。

雪女

雪女というと、北国をイメージする人が多いと思う。

けれど枚方《ひらかた》にも、雪女に纏わる話が残っている。


歌人で平安時代屈指のプレイボーイとして知られる在原業平《ありわらのなりひら》が、惟喬親王《これたかしんのう》に枚方にある渚院《なぎさのいん》に招かれた。業平は渚院で歌会や宴を楽しみ、時には狩りに興じた。

ある朝のこと、業平が目を覚ますと昨夜に降った雪によって辺り一面が銀世界に覆われていた。

その年初めての積雪だったこともあり、雪中の狩りを楽しみたいと思った業平は、弓矢を携えて山へ入って行った。

しかし獲物は一匹も掛からなかった。

獣のいる痕跡は多くあるにもかかわらず、姿を見ることもなく、これはおかしいと感じながらも、業平は山の奥深くへと進んで行った。

結局、獲物を狩ることが出来ず、日暮れ間際に山深くに迷い込んでしまったことに気が付いた業平は、降り始めた雪に足跡を消されないうちにと、全身雪まみれで真っ白になりながら、大急ぎで渚院に戻った。

すると門の前に、透き通るように美しい女が、雪の中に立っていた。

業平は一目で心を奪われ、院の門を潜らず、その夜は女の家で過ごした。


それからというもの、毎晩その女の家に通うようになったのだが、野山に春の兆しが表れ始めると、女は物悲しい憂いを帯びた表情を浮かべるようになった。

そして雪解けが始まると女は伏せるようになり、業平に、もうこの家には決して来ないようにと言うようになった。

他に通う男でもいるのかと問い詰めると、女は悲しそうな顔をして、そうではないと言うばかり。その姿が一層憐れで、業平は離れがたくなってしまった。

やせ細る一方の女の手を取り、業平は都から呼び寄せた薬師と共に看病したが女の体調は一向に良くならなかった。

声を出すことも稀になり、涙をただ流すばかりの女は、それでも透き通るように美しく、業平の恋の炎は消えることはなかった。

雪解けが進み、小川の水量が多くなり始める頃、突然女は淡雪のように消えてしまった。

その場には女が着ていた衣だけが、濡れて残されていた。

それを見て業平は、契りを結んだ相手が雪女であることを知り、嘆き悲しんだという。

しかし、枚方には雪女に出会ったのは在原業平ではなく惟喬親王だという話も残っているそうだ。

惟喬親王が狩猟の時、見失った愛鷹を探していると、円通寺《えんつうじ》の門前で鷹を指先に止めた美女に出会った。それが雪女であったという。

今では滅多に枚方に雪が積もることはないけれど、黒い長い髪をゆらす乙女が、驚くほどの薄着で雪の日に歩くのを見た。あれは体重がない人のように歩いていたから、人では無かったと思うと、一昨年の怪談会で語ってくれた人がいた。

他にも珍しい雪の日に窓を開けて外を見ていると、天女のような白い衣を纏った女が屋根に腰をかけている姿を見た人がいたそうだ。

枚方に住む人は雪の日に、今でも雪女に遭遇する可能性があるのかも知れない。

ヒガウマウ

守口《もりぐち》市に住む、安藤さんから聞いた話。

安藤さんは数年前に開催されたイベント時に知り合った人で、明るくいかにも今どきの女性っぽい感じの人なのだが、かなり古い家に住んでいて変わった風習を沢山知っている。

例えば「ヒガウマウ」をしてしまった日は、彼女は殆ど外に出られないという。

聞いたことの無い言葉だったので聞くと、それは忌中の禁忌を犯してしまったり、幽霊を見てしまった時に用いられる言葉らしい。

例えば忌中は神棚に手をついたり灯明を上げたりすると、禁忌によるヒガウマウなので、忌むらしい。

他にも、死出の旅にたった死者と同じ傷がつくこともヒガウマウと言われるそうだ。

ヒガウマウになってしまった場合は辻蝋燭《つじろうそく》という、葬送の時に通った道に蝋燭を置くか、塩の入った盥《たらい》で足を洗うか、塩に足を浸けると良いのだという。

それでも解決しない場合は家に籠るしかないそうだ。

大阪に長く住んでいるけれど、聞いたことのない風習なので、この話をしてくれた安藤さんの家にのみ伝わるものかも知れない。

そんな彼女は、足だけの幽霊に追われたせいで家を出られず、中学校時代二ヵ月ほど不登校になったことがあるそうだ。

「市内の来迎寺《らいこうじ》に幽霊の足跡がついた布があるやろ。あの布に残されている足跡みたいに、家の周りにその日、雨が降ってて、足跡だけが残って見えてん。まるで、私が家から出てくるのを、そこで待っているみたいにな。試しにちょっとだけ外に出てみたら、私の方めがけて足が、足跡を残しながらついて来てん。

足といっても、足と足首が見えるんじゃなくって、足跡だけがぺたっぺたっとついて来る感じで。

それについて来られると、自分の周りだけ空気が薄くなったみたいに息苦しくなって。体調も生理が重い時みたいに辛くって。

そういうシビトの足跡や姿を見てしまうのもヒガウマウやから。

もう辛いし、しんどいし、無理すると貧血みたいに、絶対なるし。だからお香とか塩で対抗して、なんとか耐えてやり過ごしてんけどな。今はもうあの時ほど若くないから、あれが来たら耐えられる自信がないわ」

私はそういった経験がないので、そうだねと相槌も打てず、とりあえず大変ですねとだけ伝えた。

もともと暗くて陰気な人生を送って来たので、明るい女性と接すると、なんと言っていいのか分からなくなってしまうからだ。

ちなみに、来迎寺の「幽霊の足跡」だが、これは今から二百年以上前の住職、慈天上人が夕方のお勤めをしていた時に、現れた女の幽霊「お石」が残していったものだそうだ。

拝観出来るのは法要の時のみなので、希望者は事前にお寺のサイトで確認した方が良いかも知れない。

遊び場

四条畷《しじょうなわて》にお住まいの佐藤さんから聞いた話。

「十歳か九歳くらいの時に、近くの山の方に行って、友達と一緒に洞穴を見つけたんです。秘密基地って誰だって好きでしょう？　そこにね、お菓子やらゲームやら折りたたみ椅子やらを持ち込んで、みんなで遊んで凄い楽しかった。

映画の『グーニーズ』みたいやなあって、奥の方まで探検したりね。中は地面も固くてちゃんとしていて、入り口がしっかり大きかったからか、光も奥の方まで届いてたんですよ。

ホームレスが住んでたこともあったんかな、ちょっとした家財道具なんかもあったし。自然に出来た洞窟っぽくなかったから、最初はみんな、防空壕の跡か坑道の跡かなって思ってたんです。

大人に言うたら、危ないって怒られると思ったから、そこで遊んでいるのは親にも学校の先生にも秘密にしてました。

そこの中で、漫画を読むだけでも、わくわくして楽しいんですよ。
でも、その遊び場を共有しているメンバーだけが、時々授業中に、ふわあって心地よくなって倒れることが何度もあったんです。

貧血みたいに、ふっと意識が浮いてバターンって。それと、やたら鼻血が出たんです。親が気にして医者に何度か連れていかれたけれど、原因は分からずで。

秘密基地通いは、毎日のようにこっそりと続けてて、そこに立ち寄らないと、一日がちゃんと終われないような心持ちに当時はなっていました。

で、授業中に相変わらずよく倒れるし、保健室で同じメンバーが顔合わせるんです。ちょっと休んだら、すぐ元に戻るんですけどね。

でも、またしばらくしたら秘密基地を共有している誰かが倒れたり、急にノートが真っ赤っかになるくらい、どばあっと鼻血が出るんです。薄々仲間全員、あそこで遊んでるんが関係してるんじゃないかなとは思ってたんですが、でも皆、遊び場に通うのは止められなくって。

そんな状態が続いていたある日、家に帰ったら袴《はかま》姿の見慣れないおじさんが、怖い顔して座ってたんです。

親が出て来て、この人の横に座りなさいと、ランドセルを下ろす間もなく言われて、仕方なく座ったんです。

部屋の様子がいつもと違って、よそよそしくて居心地は悪かったですね。

袴姿のおじさんは、どこかで見たようなんですけど、思い出せない顔で、多分親戚でもないし、誰やろうって考えながら、じろじろ見てました。

しばらくしたら秘密基地通いのメンバーが家に集ってきて、それぞれの親も来たんです。それで、ああ、この人はあそこの場所の管理人か何かで、これから凄い叱られるんやろうなあって、思いながら俯《うつむ》いてじっとしてたんです。

部屋の中、だれも喋らなくってね。

しばらく無言の時間が過ぎ去ってから、急に袴姿のおじさんが、袂《たもと》から白い楕円形の物を取り出して、僕から順番に子供たちの頭をそれで、とんとんって叩いたんですよ。

そっから大きく柏手をパァン！　パァン！　って二回ほど打ってね、そして『もうこれで終わりました、ご安心を』と言って帰って行ったんです。

きょとんとしてたら、その時間にしては珍しく父親が帰って来まして、あの人は子供らが憑かれていたから来て貰った拝み屋さんやって説明されたんです。

なんか、うちらが遊んでいたのは、防空壕じゃなく斉場の跡地で、そこで昭和四十年くらいまで土葬されてたって聞きました。

特に洞穴遊びを怒られはしなかったんですが、秘密基地はその後、完全に埋められてしまったんです。

それと、絶対に山の方にだけは行くな、と何度も言われてましたね。

結局、こっそり行ってましたけど。

あの時の楽しかった思い出のせいか、穴が埋められた今でもふらっと行きたくなるし、煙草を秘密基地があった場所の近くまでわざわざ行って吸っています。

別に、当時の思い出に浸りたいわけでもなく、なんとなく定期的に足が向いてしまうんですよ。

当時の拝み屋も亡くなっているらしいんで、また憑かれると嫌なんですけどね。

でもついね、行きたくなるんです。煙草みたいにね、ないと口さみしいというか落ち着かない。今もね、あの場所に行きたいなと思っていて。転勤の辞令が遠方やったので、前の会社を辞めて、遊び場やった山が見える職場を探して、転職したくらいですから。

僕だけじゃなくって、あの当時、一緒に遊んでいたメンバー全員が、おんなじ感じですね。行くとばったり会うことも珍しくないですよ。

特に行っても、そこにはなんも無いんですけどね。

惚れ薬

鉱石愛好会のサークルで知り合った高山さんから聞いた話。

高山さんは昔、自殺を考えたことがあるという。

高山さんは国立大学を出て、大手メーカーのS社に就職が決まり、そこの技術部署でバリバリ働いていた。だが、そのメーカーが別企業と合併した影響で、高山さんはリストラ要員に入ってしまったようで、何をやっているのかよく分からない部署に配置換えされ、年下の社員に罵倒される日々を送っていた。

ストレスのせいか頭の毛が抜けはじめ、体重も半年で十三キロも減ってしまった。今まで会社のために頑張ってきたのに、最後にこの仕打ちなのかと思うと、悔しくて時々涙が出てきた。

任された覚えのない仕事のミスを数時間立ったままで指摘され、同僚に無視されつづけることもあった。

「もう死のうかな」

高山さんはそんなことばかり考えるようになって、ある日家を出てからコンビニに行ってビールを買いバス停で飲んで、どこに行くか表示も見ずに、来たバスに飛び乗った。

窓の外の景色をぼんやりと眺め、見覚えのない場所で降りた。

苦しい死に方は嫌だな。電車に飛び込むのは遅延に繋がるし、遺体を片づける人も気の毒だ。

飛び降りは下を見ると怖いし、これも遺体の始末をする人が可哀想だ。苦しくない死に方で、遺体の始末の負担も無い方法はなんだろう。

別のコンビニで酒を買いちびちびと飲みながら、そんなことを考えて歩いているうちに、神社の境内に迷い込んでいた。

歩き疲れたせいもあって、高山さんは神社の境内のベンチに座った。

「やっぱり首吊り自殺かなあ……」独り言が思わず口から洩れた。

すると背後から声がした。

「死ぬのなんて止めなさいよ」

振り返ると、昔話に出てくる仙人のような風貌の老人が立っていた。

「死にたいと思うのは自分のことが嫌いなんやろ、自分が愛おしかったら、そんな風に思われへん。これ飲んで元気だし」と、紙袋を高山さんに手渡した。

「この中に入っているのは、いもりの黒焼きを使った秘伝の惚れ薬。私は高津《こうづ》にある黒焼き屋で買って、これを煎じたんや。自分のことが愛しかったら自分の身を自然と大事に出来る筈やろ」

「はあ」怪しげな薬の押し売りかと思い、気の抜けた返事をした。

「薬の代金はいらんから。死ぬつもりやってんやろ。騙されたと思って飲んでみ」

そう言って足早にどこかに立ち去ってしまった。

その後、高山さんはタクシーに乗って近所のホームセンターに向かい、ロープとビニールシートを買った。

買ったばかりの荷物を持って家に帰り、遺書の内容を考えているうちに、ふと、どうせ死ぬなら貰ったイモリの薬を試しに飲んでみようと思った。

袋を開けると和紙にイモリの薬効について書かれていて、その隅に店名らしい印が押されていた。黒焼きと聞いていたので真っ黒になったイモリが丸まま入っているかと予想していたが、既に粉になっていた。

家の中に飲み忘れていた洋酒があることを思い出し、封を切ってとっておきのバカラグラスに注ぎ、イモリの黒焼きの粉をぐっと仰ぐようにして飲んだ。

普段飲みなれない高い度数の酒と一緒に服用したせいか、盛大に噎《む》せてしまったが、袋に入っていた量の三分の二ほどが口に入った。

その後、酒のせいかどうかは分からないけれど、高山さんは抗いようのないほど強い眠気に襲われ、そのまま着替えもせずにソファーの上で眠りに落ちた。


翌日起きると昼過ぎになっていた。水を飲み鏡を見て、顔をピシリと二、三度引っぱたいた。

「なんで、あんなに俺、どうでもいいことで悩んでたんやろ」

まばらに生えた髭《ひげ》を剃りつつ、高山さんはそう呟いた。

親指の先がピリピリと電気風呂に入った時のように痺れていた。

寝過ぎたせいか背中と首筋が痛んだが、手早く着替えて近くの文具屋に行った。履歴書を買うためだった。

「なんか全部アホらしいというか、どうでもええわ、やったるわ！　って気になってね、その日一日かけて、腕がしびれるまで履歴書を書いて、翌日職安で目についた求人にかたっぱしから送ったんです。

パワハラも、なんで今までそう言わへんかったんやろって思いましたが、同僚や上司には、弁護士と労働基準監督署に相談中です。このやりとりは録音しています。って言ったら、かなりマシになりました。

相手も面倒ごとは嫌だったんでしょうね。仕事量を減らされるとかはありましたが、どうせ辞める気でしたし、こんな会社そのうち潰れるやろって思って気楽でした。

それからとんとん拍子にとは、そう上手くいきはしませんでしたが、退職してから新しい仕事にも就けたし、ある程度貯金も出来て、こんな風に鉱石集めの趣味も見つけました。

魂に余裕が出来たんでしょうね。

あの黒焼きのおかげかどうかは知らんけど、自分の体を今はある程度は大切にしてますし、無茶をしたりとか自棄《やけ》になることは減りました。

知人に言うたら、単なる睡眠不足が続いとって脳がおかしなっとっただけや、ヤモリやらの薬やのうて、お前はその時ちゃんと寝たから、体が回復したんやろうって。

不思議なんはね、袋の印を頼りに、その店にお礼しに行こうとしたら、どこにもそんな店無いんです。

近所の人に聞いたら高津宮《こうづぐう》付近にあった黒焼き屋は、薬事法やらの関係で随分長く黒焼きは作ってなかったし、そこの店主の人、随分前に亡くならはったでって聞いて。

もしかしたら、あの世から来て、惚れ薬を処方してくれたんでしょうか」

作家・織田作之助《おださくのすけ》の『大阪発見』によると、高津神社の裏門筋にかつて、元祖本家・黒焼屋の津田黒焼舗と、一切黒焼屋の高津黒焼惣本家・鳥屋市兵衛本舗の二軒が、隣り合わせに並んでいたらしい。

そしてどちらも、惚れ薬となるイモリの黒焼きを売っていたそうだ。でも、津田黒焼舗は戦前に閉じてしまい、鳥屋市兵衛の子孫の方だけが、昭和五十年代の後半までイモリの黒焼きを作り続けていたという。

高津宮の近くには「縁切坂」もあり、これは悪縁を断ち切ってくれる坂だという。

高山さんが服用した黒焼きの正体や経緯は不明のままだけれど、今も黒焼き屋があったら、一度どんな味がしたのか、精力剤として効果があったのかどうかが気になるので、口にしてみたかったと思う。

大阪駅にて

Ｓｋｙｐｅでの取材に応じてくれた、現在は羽曳野市《はびきのし》にお住まいのＮさんから聞いた話。

「もう凄い前の話なんですがね、大阪駅のキオスクで働いてました。

そこで、大阪駅のホームに手を引っ張って助けてくれる幽霊がおるって、お客さんに聞いたことがあります。どういうことかと言いますと、毎日よう来てくれるお客さんがおったんです。

その人は、ジュースを買ってくれることが多かった。特にオレンジのジュースが好きな方やったと覚えてます。

せやけどその日はジュースやなくって、お酒を二缶買われてね。ちょっと手が震えてたんです。どうかされましたか？　って言うたら、ここでちょっと飲んでいいですかと聞かれたんで、どうぞって答えました。

でもその人、缶のプルタブを起こしても、お酒に口を付けずに、しばらく両手で抱えるように持って黙ってるんです。

特にお客さんが多い時間帯でも無かったんで、なんかありましたか？　って聞いたら、実はさっき私、死のうと思ってましてんと言い出して。

ええっ、どういうことですか？　驚いたんで尋ねてみたところ、なんか借金の保証人やらでどうにもならんようになっとったとかで、金策もろくにあらへんから、こんな世の中生きとってもしゃあないなあと、ふっと過《よぎ》ったみたいで、電車に飛び込もうと思ったって言うんです。

話は変わりますけど、電車に飛び込む事故ほど、むごいもんはありませんからね。絶対にやろうと思わんでください。

仕事中に見てしまったことあるんですけど、もう、あれは一生忘れられへんくらい、人間が人間やなくなってしまった姿でしたから。

そのお客さん、飛び込もうとしたところ、ぐうっと誰かに手を引かれてホームに引き戻されたって言うんです。

最初は風のせいか、気の迷いでそうなったんかと思ったらしいんですけど、二度目も失敗というか、手を引かれて戻されたと言うんです。

まあ、特にそんな話を聞いても、言うことあれへんから、折角助からはった命やから大切にしてくださいとだけ伝えたんです。

こういう話って一人で仕舞っておくのは負担というか、私、お喋りやから、同じ駅で働く同僚に言うたんです。そしたら同僚が、仕事終わったらお前に見せたいものがあると。

それで連れていかれたのが、清水太右衛門《しみずたえもん》殉職碑やった。

清水太右衛門さんは、明治時代の大阪駅にあった踏切番で、ある日、おしずって名前の六歳の女の子が、上り下りの電車が来るのに遮断機を潜って線路に入り込んでしまったんです。

とっさにおしずちゃんを救うために、清水さんは線路に飛び込み、国鉄初の踏切事故の犠牲者になってしまったんです。

清水さんは岐阜《ぎふ》の出身で、長良川《ながらがわ》の大洪水によって職を失い大阪に来はった人らしくてね、まじめな働き者で、子供が特に好きやったそうで。

大怪我を負っても『危険や』『危ないで』と子供に言い続けて、病院に搬送されたそうです。

そういう話を聞かされて、なんで、こんなん見せるんやって聞いたら同僚がね、酔ってホームから落ちそうなった人がおった時、何も無い場所からぐっと腕が出て、引っ張って助かったところを見たことあるっていうんです。

その腕の服の袖がね、古い国鉄の制服やったから、この人ちゃうかなって、思ったそうで。

まあ正義感の強い人やから、幽霊になっても人助けやなんかが出来るってことなんでしょうかねえ。

殉職碑は現在は移転されたとかで、今は一般の人には見られへん場所にあるんやったかな」

Nさんはそう言い、会ったこともない人やけど、この怪談会の参加者の皆さんで合掌しましょうかという提案をした。

理由を問うと、たまたまその清水太右衛門さんが殉死された命日だからだということだった。

現在も大阪駅の駅員は制服姿で殉職碑の前で手を合わせ、安全の誓いをたてる人が多くいるそうだ。

名月姫

名月峠《めいげつとうげ》は、大阪府豊能郡能勢町《とよのぐんのせちょう》にある峠で、そこには地名の由来となった名月姫に纏わる悲しい話が伝わっている。

摂津御園荘浜村《せっつみそのしょうはまむら》に、三松刑部左衛門尉国春《みまつぎょうぶざえもんのじょうくにはる》という領主がいたのだが、子宝に恵まれなかったので夫婦で神仏に願掛けを行なった。すると、満願の満月の夜に、美しい女の赤子が生まれた。

国春夫婦は月明りの下で授かった我が子に、名月姫と名付けた。

姫の輝くような美貌は広く知れ渡り、能勢家包《のせいえかね》の妻となり、平穏に幸せな日々を過ごしていたのだが、時の権力者、平清盛に見初《みそ》められ、無理やり夫と引き離されてしまった。

名月姫は嘆き悲しんだのだが、清盛の権力には抗し切れないことを悟り、峠で短剣で胸を一突きし、彼の物になることを拒んだ。

姫の亡骸は峠に葬られ、それ以来「名月峠」と呼ばれることになったという。

名月姫の墓は峠にあり、現在でも結婚に関係する車両は、ここを通ることを控えることになっている。

だが、禁止されたことをやりたがる人というのは、どこにでもいるもので、結婚式を翌週に控えたカップルが、あえて名月峠にドライブに出かけた。

しかもトランクには、披露宴で使う予定の手作りのウェルカムボードを乗せ、指輪を乗せるリングピローや、ゲストへの返礼品まで車内に置いていたらしい。

「どうしてそんなことをしたんですか？」と、この話を提供してくれたXさんに聞いたのだけれど、本人が言うには「見せつけてやったら、なにか本当に起こるかなと思って」ということだった。


そして実際「なにか」は、起こった。

名月峠の下りで、中央線を大きく越えて進んできた対向車がいたので、車のハンドルを横に大きく切って避けようとしたところ、Xさんたちの乗る車が脱輪してしまった。

しかもその時、車が大きく縦に揺れて、Xさんは後部座席でシートベルトをしていなかったこともあり、首を強く打ち付けて鞭打ち症になってしまったらしい。

その結果、鞭打ち症のギプスをしたままドレスを着るのが嫌だというXさんの要望もあって、結婚式は延期となってしまった。

勿論、式場やドレスのレンタル会社からは、日時変更の余計な費用を取られてしまったそうだ。

名月姫の祟りかどうかは分からないけれど、後日Xさんは、お墓に行って姫に謝った。

ただ、延期になった結婚式の当日、ドレスやリングピローから何故か数本の針が見つかったのだという。会場の人もXさんも、どうして針がそんな場所から出て来たのか見当もつかなかった。

Xさんは、謝りに行ったものの、もしかしたらカップルで行ったのが悪かったのだろうかと名月姫に対して悪いことをしたなと今は反省しているそうだ。

ちなみに結婚式の延期について、招待客から色んな苦情を言われたので、アルファベット表記でも特定できないようにしてくださいねと本人に言われたので、仮にXさんと表記することに決めた。

大川の龍

桜《さくら》ノ《の》宮《みや》駅から大川に向かってしばらく歩いていくと、龍王宮と呼ばれる場所がかつてあったらしい。そこでは、済州島から移って来た人たちが祈りを捧げていたそうだ。

私は京橋に住んでいるので、一駅ほどしか離れていない龍王宮の場所は近くなのだが、その存在や情報についてはまるで知らなかった。

教えてくれたのは、同じ都島区内に住んでいる職業不詳の土井さんだった。

土井さんとはインターネットの掲示板で九〇年代の後半に知り合い、それから数年に一度会って、どうでもいいことを話すという関係が続いている。関係は長いが、彼女がどんな仕事をしているのかとか、年齢とか家族構成とか、何も知らないし、多分こっちのことも同じくらい知らないようだ。

そんな土井さんからこれは、十年ほど前に聞いた話。

「桜ノ宮の高架下を進んで、川沿いに行ったところに龍王宮と呼ばれる民間信仰の宗教施設があるって話、聞いたことあります?

そこで、女性が現世利益を願う占い『クッ』を行なっているみたいで、故郷の済州島とつながる水辺でないといけないんですって。

龍王宮が行政との問題で消えるかもと知って、気になって調べに行ったんです。そしたら聞いて下さいよ。もうそこにはなにもなかったんです。なにも」

「どういうこと？」

「自主的に立ち退きしたとかで、そこには人工のビーチが出来上がっていて、波打ち際で子供が手を浸して遊んでいたり、リア充っぽいビーチバレーをしている若者たちがいるだけだったんです。でもね、天満橋方面にずっと歩いていたら、川べりで拝んでいるお婆さんがいたんで、ダメ元で声かけたんです。それで龍王宮のことを聞いたんやけど、関係者ではなかったようで、ただここで祈りを捧げている人だということだけは分かったんです。

姉ちゃんの言う龍宮やかなんやかは知らんけど、大川には龍神様がおるよ。見したるから、川の水ちょっと飲んでみって、そのお婆ちゃんから言われて」

「水、飲んだんですか？」

私が驚いて聞くと、土井さんはこくりと頷いた。

魚の死骸が浮いていたり、酔漢が立小便をよくしている場所だ。近くに工場もあるし、ゴミも浮いていることが多い。あまり大川の水はきれいとは言い難い。

「飲んだら変な、いやあな臭いのゲップが何回も出て、海水と淡水が混ざっている流域だからか、水は塩辛くって凄い生臭かった。腐った塩辛と生ごみの絞り汁を入れたらあんな味の水かも。次は十万円やる言われても絶対に飲めない」

金魚の水槽と同じ臭いのゲップがお腹から何度も出てくるのと、変な胸焼けで気持ち悪くなっていた土井さんの横で、お婆さんが急に数珠を手になにか口早に唱え始めたそうだ。それは、土井さんが知っているお経のような文句でなく、モンゴルの喉歌のホーミーみたいな不思議な響きのある歌でも言葉でもない音を唱え、急に顔を上げると川を指さした。

「あっ」思わず土井さんは声をあげたそうだ。

川面からキラキラと光る白い棒のような陽炎が、すっと立ちあがるのが見えたからだ。

横のお婆さんを見ると、汗だくでとても満足そうな表情を浮かべていた。

「今日は姉ちゃんいいことあるで、あれが龍や」と教えられたそうだ。

大川には、鯉になった武将の伝説があり、その鱗《うろこ》が現在も東野田にある大長寺《だいちょうじ》に残されている。

以前、大川の船頭から、鱗のついた手が水面からひょいと出て橋げたについた蟹をつまんで採っていった、と聞いたことがあるし、龍くらいいても不思議ではないのかも知れない。

石切の下宿屋であった話

世間は刀剣ブームだと聞き、先祖に刀鍛冶《かたなかじ》がいるので、その辺りのことを詳しく書いてやろうと資料をずっと集め続けている。

中でも特によく調べているのは、備前長船横山祐義《びぜんおさふねよこやますけよし》という先祖の刀鍛冶なのだが、戦火や水害や台風の影響で資料がかなり失われていて、なかなか上手くいかない。

蝸牛《かぎゅう》の歩みのように進めている作業の最中、時々奇妙なエピソードを耳にすることがある。これは資料作成に携わってくれた、社労士さんが紹介してくださった、郷土史家の方から聞いた話である。

「戦後、いやまあ正直言うと戦前も食えなかった人が殆どやってんけど、刀鍛冶では食えん人がさらに増えて、刀から包丁や鋏の鍛冶をするようになる人も多かった。

あんたはんの曾おじいさんと、勝さんという刀鍛冶が、堺から鍛冶師呼んで勉強会みたいなことを広島でやらはった記録があってね、それに参加した刀鍛冶の忠司さんって人がおって。その勉強会がきっかけで、刀より時代は包丁やと思ったんか、それとも包丁作るんが刀より面白かったんかは謎やけど、忠司さんは刀鍛冶を辞めて包丁作りに専念しようと、広島から大阪に出て行かはったんや。

それで、俺の親父が当時石切《いしきり》で下宿やっとってね、道楽で刀剣収集の趣味もあってんやけど、そんな親父の下宿に忠司さんが柳行李《やなぎごうり》一つ持ってやって来たんや。石切にも鍛冶師がおったからやろね。

忠司さんは、親父に刀の扱いがなってないって指導してくれたしたもんやから、お礼に食事ご馳走したりする仲やったらしいね。お酒が好きな人やったらしいからよう飲ましたらしいわ。

そんな親父の下宿に、秋の夕暮れ時に、紫色の風呂敷を抱えた男が、お願いがあります、お金は払うんで話だけでも聞いてくださいって頼み込んで来たんや。

親父は、なんや押し売りかいなって思ったらしいけど、その男はちょっと強引にね、ちょっと中に上がらせて貰いますって、勝手に玄関あがって、まっすぐにね、忠司さんの部屋へと向かったんやて。

そして、ほら、当時は鍵みたいな邪魔くさいもんはかけんみたいなのが常識やったから、忠司さんの部屋に入ってね、ドカッと座り込んだんやて。

そこに忠司さん寝てはったらしいけどね。暇やったんかな。親父もそこの部屋に入ったらね、男がはらりと風呂敷を解いてね、中から坊主頭の人形の首が出て来たんやて。性別は分からへんかったらしいけど、でも一目見てちょっと色っぽいなあと感じたらしい。そいで急に上がり込んできた男がねえ、これを本物の生首にしたいんですって、忠司さんにお願いしたんやって。

忠司さん、割と調子ええとこあったらしいから、注文受け取った包丁を取り出してちょんって、その首の断面に当ててやってんて。

そしたらその男がねえ、真剣を当てて欲しいって言いだしたんやて。親父それ聞いて、おもろい！　やろやろ！　って、コレクションしてた日本刀バタバターと何振りも持ってきて、大喜びで切る「つもり」や、切る「ふり」を何度もしたんやて。

変な話やろ。その中で、もう一回忠司さんが研いだばかりの包丁当てようとしたら、男がまたそれは違う、真剣でやって下さいって。

そいで、ねえ、なんかぐたぐたやってたら、約束もなんにもしてないのに、急に勝さんがやって来てね、なんも言ってないのに懐から短刀を出してね、そこの生首の人形に勝さんがすっと刃を当てはったらしいね。

親父か誰かが『お見事』って言葉を言うん聞いて、口ん中に血の味がじわあっとしたらしい。

昭和の三十年か四十年頃の話かなあ。俺は生まれてたハズやけど、お母はんのところは家が別で、そこにおったから、その情景は見てへんねんけどね。たまに親父が来たら話してくれて、代金は五十円玉が三枚ほど入ったぽち袋が置いてあったって聞いたかな。

にしても、人形の首をなんに使うつもりやってんやろうなあ。それは親父に聞いても分からへんかった。勝さん、その時の短刀置いていかはったらしくってね。いや、親父が無理言うて買ったんやったかな。

人形の首を切った「つもり」の短刀を握ったらね、口の中にいつでも血の味がするっていう話もなんべんも聞いた。忠司さんは悔しそうな顔してた、ってのも親父は言うとったなあ。敵わへんって思うところがあったんかな。

勝さんと親父と一緒に京都の亀岡にも行ったよ、あのあたりにあんたの曾おじいさん住んではったやろ。本人には会われへんかったけど、残ってた刀は見たよ。ほんまは高齢やったから本人が打ってなかったって話も聞いたけどね、ほんまかどうかは分からへん。刀はね、家の中にはあれへんほうがいいよ。親父も言っとったけどね、変な人を招きやすくなるから。〝魔〟を断つ刀もあるんやろうけど、逆もやっぱりあるんやろうね。

日本刀があると、これほんまに人間かあ？　って疑うような人が急に来たらしいよ。

全身ぬらーっと濡れてる子供が夜中に手つないで、下宿の玄関先に立っとって、おっちゃんお母ちゃん呼んできてーって声聞いたとか、素っ裸のおっさんが来て、アユ釣り行きましょうと言って小便玄関先でされたとか、大きな熊ほどのサイズの犬が物干し台の傍に夜おったとかね……」

「石切らしい怪談話もあってな、日本で三番目に大きい大仏って駅近くにあるやろ。あれが夜中に歩いとったって話は、小さいころに何べんも聞いた。一回も見たことないけどな。知っとるか？　あの大仏な、精力ドリンク「赤まむし」で有名な阪本漢方製薬四代目が建てたんやで。百度参りはな、夜もしてる人ようさんいてな、昔はもっとすごかった。今と違って、誰でも簡単に病院かかれるような世の中やなかったからやね。聞いた話やねんけど、夜に石切神社で百度参りしてはる人らの頭上を、ばっさばっさと、一メートルくらいの大きさの天狗が三羽ほど飛んどったことが何度もあったんやて」

こういう話を聞いても、あの石切ならあるかも知れないと思ってしまう。

石切周辺は、取材に行けば不思議な話が、まだまだざぶざぶ出てきそうな気がする。

池の中にある町

あべのハルカス近くに、池の中にある町があるという。そこには大蛇伝説が伝わっている。

その町の傍の池で暴れていた大蛇を聖徳太子が退治し、穴を深く掘り、その地に埋葬された。

しかし、夜な夜な毒気を吐いたり、怪しいことが続くので、大蛇の霊を鎮めるために「おろち塚」を建てた。

現在その塚は残念ながら残っていないようなのだが、塚があったとされる場所は現在の桃《もも》ケ池《がいけ》公園辺りだという。

この話を知人から聞いて、気になったので実際に伝説の残る池の中の町に行ってみた。

朝早くに行くと、池の周りの空気は澄み、蓮の葉の上で丸い宝石のような露が光っていた。

白い膨らみかけた蓮《はす》の蕾《つぼみ》や、家の前の朝顔の鉢。竿竹に干しっぱなしの洗濯物が風に靡《なび》いている。

なんだか、現実感がないくらい綺麗な場所だな、まるでドラマのセットみたいだと思ったら、実際ここはＮＨＫの朝ドラの舞台になっていたそうだ。

大蛇伝説を確認出来るものはないかなと思って探し回っていると、由来書きのある立て看板を見つけた。

かなり古い物なのか、文字があちこち擦れて判別出来なかったので、読める範囲を文字起こしをすると、こんな内容だった。


「股《もも》ヶ池《がいけ》明神　略記」

飛鳥時代。

人皇第三十三代　推古天皇の御世に股ヶ池中央にある浮島のくぼみに胴のまわり一丈〇〇六本長（解読不明）、あろうかと思われる偉大なる怪物の死体が横たわっていて人民の愁いあり。

時に聖徳太子が、この地に穴を掘って怪物の死体を埋めたが、その後もひきつづいて池には怪異がおこるので、その怪物の霊が浮かばれないからだと、この地に塚をたて、おろち塚と称して天神地鬼を祀ったのである。

この塚は昭和の初期まで残されていた。

それから星うつり年変わりて幾百年、高津〇番丁に住む信心深い角田某と云う人が或る夜、夢の中に神前に祈祷をしている際、俄に紫雲がたなびき亘り、その中に蛟竜が降りて来て、哀れ悲しい声で「どうか股ケ池に於て祀りをして呉れ」と哀願するや夢からさめた信心厚い此の人は神の御宣託なりと早速に「おろち塚」の北の処に一宇を建て丸高丸長の二大竜王として祀ったと伝えられている。

予め聞いていた話と大まかには同じだったけれど、おろち塚を建てた人の苗字と番地が残っているのが気になった。

もしかしたら昭和の頃まであったと記載されているので、本人や子孫の方がいらっしゃって話を聞けるかも知れない。

そんなことを思いながら池の周りを歩いていると、私の姿をじっと見ている人がいることに気が付いた。

不審者ではないというアピールをせねばと思い、マスク姿なので表情は殆ど分からないだろうけれど、ソーシャル・ディスタンスを守りながら、なるべく笑顔で明るい声で訊ねてみた。

「こんにちは、ここにあったっていうおろち塚や大蛇伝説について調べてるんですけど、なんか知ってる話とかありますか？　大蛇関連のどんな話でもいいんですよ」

「亀は沢山いるけど、蛇はおらんねえ」ということだった。

他の人に同じ質問をしてみたところ、こんな話が聞けた。

「昔、夜に、池の中に髪が長くて黒くて、首も異様に白くて長い人がねえ、立ってることがあった。池の中にじーっと月明かりの下におって、灌木がたまたま月明かりの加減でそう見えたのかも知れないけど、白くて首の長い人が本当に池の中にいるように見えて、あれは竜神様の眷属じゃないかと思えて恐ろしかった。水垢離《みずごり》石とか、不思議な形の石とか池の周りには沢山あるから、由来やらは分からないけど変わった独自の、竜神様に纏わる信仰が昔この辺りであったんと違うかなあ？」


池の中には蛇島と呼ばれる小島もあり、そこに大蛇の伝説に纏わる何かが残っているらしいと聞いたのだけれど、流石に池を泳いでいくわけにも行かず断念した。

そして角田某氏を現地でかなり探したのだが、見つけ出すことは出来なかった。


ちなみに住吉区の万代《まんだい》三丁目にある万代池にも、聖徳太子による妖怪退治の伝承が残っている。

枚方にある遊園地

高校時代に男二人で、枚方《ひらかた》にある某遊園地に遊びに行ったという小川さんと松村さんから聞いた話。

小学校時代から付き合いのある二人は、ある夏の日に遊園地に行くことに決めた。

結構前の話だということで、どうして二人で行くことにしたのか、理由は覚えていないらしい。

遊園地に着くと、夏休みの最中ということもあり、どこも乗り物は混みあっていた。

暑い真夏の最中に、日陰が殆ど無い屋外で、乗り物に乗るために並ぶのはしんどいと小川さんが言うと、折角来たんやから、なんか乗らな勿体無いやろと松村さんが言い、最初なんに乗るかじゃんけんで決めようということになったそうだ。

じゃんけんの結果、まず遊園地の丘の上にある観覧車に乗ろうということになった。

理由はなんとなく、空いてそうと思ったのと、松村さんが絶叫系マシーンがあまり得意でないからということだった。

そして二人はすぐに、その選択が間違いだと気が付いた。

観覧車まで続く道が急な坂で、すぐに汗だくになってしまったからだ。

でも、観覧車のゴンドラの中は涼しいだろうし、高いところから下を見降ろしたら爽快になるに違いないと予想を立て、お互いを励まし合いながら目的地に着いた。

観覧車乗り場は空いていて、誰も並んでいなかった。それもその筈、その遊園地のゴンドラには、クーラー等の冷房装置がついていなかったのだ。

ちなみに、その遊園地では二〇一八年に「たぶん日本一あつい観覧車」という企画を開催している。

「たぶん日本一あつい観覧車」は、特別に暖房器具をゴンドラ内に置いて暑くしたわけではなく、ただただ日光によって温められたゴンドラを、そう呼んだ企画だった。

それくらい、何もしなくっても暑いのだ。

しかし、小川さんと松村さんは折角ここまで苦労して丘を登って来たんだし、もう乗るためのチケットをもう買ってしまったからということで、二人で観覧車のゴンドラに乗った。

中はうだるような暑さだったそうだ。

「男同士で遊園地って侘しいよなあ」

「彼女と乗っとったら、この蒸し暑い観覧車もちょっとは楽しかったんとちゃう？」

二人で会話をしている間に、そろそろ頂上に差し掛かろうという高さになった。

そんな時に「コンコン」と外からドアを叩く音がした。

地上から百メートルほどの高さだ、人の手が届くことはありえないし、木の枝が偶然この高さまで舞い上がって、ドアをピンポイントで叩く可能性も低い。

二人が顔を見合わせていると、次は「バンバン」と掌《てのひら》でドアの辺りを叩くような音がした。

日差しの明るい真昼間で、さっきまであんなにだらだらと流れ続けていた汗も、急に引いた。

「なあ」と小川さんが声をかけると「黙っとけ」と松村さんに返された。後で聞いたところ、この時松村さんは、心の中で悪霊退散と唱え続けていたらしい。

地上に着くまでの時間は数分だったが、とても長く感じられた。

遊園地の係員がドアを開けると、二人とも我先にと競うようにゴンドラを下りたらしい。

少し気分が悪くなったので、近くの売店で休み、その後、ＣＭでよく使われている暴走車のアトラクションにだけ乗って、その日二人は帰ったそうだ。

帰り道の電車の中で、二人は観覧車のゴンドラの中で、どうしてあんな変なことが起こったのだろうかと随分話し合った。

その結果、思いついた理由というのが、二つあったらしい。

一つは、史上最恐の幽霊屋敷「四谷怪談 ～お岩の怨念～」というのを、その時遊園地が企画でやっていた。

彼ら二人がその年、学園祭で四谷怪談を茶化した仮装をやって驚かせていたので、お岩さんの霊のせいではないかという理由。

もう一つの理由は、凄く暑がっていた彼ら二人を涼しがらせようとして、その辺りの上空を漂ってた幽霊が驚かせに来てくれたんじゃないかというもの。

どちらの理由が真相に近いのかは分からないけれど、ユニバ（ユニバーサル・スタジオ・ジャパン）より枚方の遊園地派だという二人は、今も定期的に通っているのだそうだ。

ただ、観覧車だけは二人では乗らないことに決めているのだという。

扇町公園の怪談

大阪市にある北野病院に行った帰り、駅に向かう途中、扇町公園《おうぎまち》の脇を通って行くと、高速道路の入り口の脇にフェンスで囲まれた敷地があることに気が付いた。

中に何があるのかなと覗き込んでみると、神社らしき建物と石碑が目に入った。

神社ならお参り出来るのだろうかと、フェンスの周りをぐるりと歩き回ってみたが、入れる場所がない。扉はあったがチェーンと南京錠で閉じられている。

公園にある神社が何故高いフェンスで囲まれているのだろうかと不思議に思ったので調べてみると、この神社は綱敷天神《つなしきてんじん》の氏地《うじち》として管理されていることが分かった。

綱敷天神に行くと由来書には「現在は参拝することはできない」という旨とフェンスで囲まれた神社の由来が記載されていたが、何故参拝出来ないのかは書かれておらず、役場に問い合わせても理由はハッキリしなかった。

この近くの郷土資料に詳しい人なら知っているかもと思って、近くで民話を集めていた藤原さんに聞いてみたところ、その神社には男女に纏わる悲恋の伝説があるということだった。

徳川将軍秀忠《ひでただ》の時代に、堀川の渡し守の息子・与八と、浪速屋のお糸という娘がおり、二人は恋仲であったのだが、十三郎という男が、お糸に叶わぬ思いを募らせていた。

お糸や与八の顔を通りで見かけるだけで、身をかきむしりたくなるほどの辛さや思いを味わい続けた十三郎は、ある日、当時人通りの少ない刑場であった現在の扇町公園の場所で二人を目にし、気が付いたら匕首《あいくち》を抜いて斬りつけていた。

その結果、与八は即死、お糸も重傷を負った。十三郎は、お糸たちの悲鳴を聞きつけた人たちに直ぐ捕らえられた。

その後、お糸の傷は癒えたのだが、恋人を亡くした悲しさから、与八のあとを追って、胸を突いて自害してしまった。お糸は、死ぬ間際に自身の血に濡れた刃物を手に強く握ったまま「悪霊となっていつの世までも呪ってやりたい……」と言い残して死んだという。

それ以来、この辺りでは恋仲の二人が通ると呪いや祟りがあると言われているそうだ。

お糸の祟りかどうかは分からないが、この参拝出来ない奇妙な神社を含む扇町公園の周りは心霊現象の噂が絶えず、奇妙な話が多く残っている。

現在の扇町公園の辺りは、かつては京街道に面したゴミだらけの荒野で、二代将軍の徳川秀忠の時代に刑場だった。その後、明治十五年に堀川監獄（のち大阪監獄に改称）が設置され、監獄の移転が決まった大正九年以後に、公園として利用が始まったそうだ。

ゴミ捨て場から、刑場となり、その後、監獄となり、公園となった時には防空壕としても利用されており、戦災で多くの命が失われた場所という謂《いわ》れがある。

そのせいか心霊スポットとしても知られていて、怪談会でも扇町公園や敷地内の市営プールやテレビ局が舞台の話を聞くことが多い。

人魂が飛び交う様子を夜に見たという人や、血塗れの白い着物が空に浮いていた話や顎より上がない着物姿の男に追われた、プールで泳いでいたら、足や髪の毛を誰も周りに居なかったのに引っ張られたように感じたという話や、他にも、泳いでいたらプールの底から啜り泣きが聞こえた、プールの水底に白い顔が張り付いていて、睨んでいたといった話がある。

私はここのプールやジムもよく利用していたのだが、今のところ、これといった怖い思いをしたことはない。

後日調べてみたところ、過去にあったプールと現在のプールは、位置が大きく異なるということが分かった。過去、プールのあった場所は、飛び込み台のモニュメントだけが公園内に残っている。

ただ現在のプールも昔、防空壕があった場所らしいので、何か感じる人がいても不思議はないのかも知れない。テレビ局内でもお盆になると、水が欲しいという声を聞いた人が何名もいるそうだ。

心斎橋にある古書店で『上方《かみがた》』という雑誌を見つけた。特集が怪談だったので購入し、家に帰って読むと、扇町公園について書かれた記事が載っていた。

ちなみにこの雑誌の内容は物凄く濃い。発行は今から九十年近く前で、読むとその時代にもどうやら大阪に怪談好きがいたことが分かる。

堺市の綾ノ町で、子供が砂地に数十人生き埋めにされた話や子供の首が鈴なりになっている木、南海電鉄の駅近くに藁人形が打ち付けてあるのを見に行った話や、明治のはじめに病魔が人の姿で訪ねて来た話等、色んな怪談が載っている。

扇町公園について書かれていた「ごもく山の大蜥蜴《とかげ》」は、こんな内容だった。

ごもくとはゴミのことで、扇町公園がゴミ捨て場として利用されていた頃に、役人が掃除を行なっていた。するとゴミの山の中から六尺（一メートル八十センチ）ほどの大蜥蜴が突然出て来たという。

驚いて硬直している役人を睨みつけると、大蜥蜴は堀川へ飛び込み、悠々と泳いで行った。その後、毎年付近で水死人が出たので、これは大蜥蜴の仕業だろうと噂になったそうだ。

古地図で調べてみたところ、監獄や刑場の前は、ゴミ捨て場であったのは事実のようだ。今は川は埋め立てられて無いけれど、今もあちこち隆起した公園の丘からは、のっそりと異形の存在が出て来てもおかしくない雰囲気がある。

千人つか

戦時中、大阪を狙った大空襲は八度繰り返された。

中でも昭和二十年六月七日の空襲に参加した米軍の戦闘機は四百機を超え、投下された爆弾・焼夷弾は二千五百九十四トンにのぼったともされる。

これはその空襲で生き残ったというKさんから聞いた話。


「朝から始まった空襲で、民家や工場が燃え盛り、多くの人が我さきにと逃げ惑っていました。私は小さかったので、家で姉と二人で留守番していたのですが、うーっと警報が鳴りまして二人で家から飛び出して一緒に城北《じょうほく》公園に逃げたんです。

隣の家は焼夷弾が着弾したようで、もうもうと火を上げて燃えてました。

布で顔を押さえながら、姉の引いてくれる手だけを頼りに、進んだのを覚えています。

公園は川が近かったですし、風向きのせいか煙は少なかった。

ここに逃げれば大丈夫だろうかと姉の顔を確かめてから辺りを見回してみると、近くに避難していた人の殆どが四国から学徒動員されて、近くの繊維工場で働いていた女学生でした。当時は消火活動もろくに出来ず、火事が燃え広がっていてもその場で立ち尽くす人もいて、公園の方もしばらくすると黒い煙が靡《なび》いてきました。

しばらくするとブーンとプロペラが回る音と、パパパパパと銃撃の音が近づいて来ました。城北公園に避難した人たちを狙った銃撃は、大阪の大空襲の中でも被害状況が酷かったんです。あまり身を隠す場所がない公園の中で、機銃掃射で狙い撃ちされたんです。

低空飛行をしながら、何度も何度も戦闘機がやって来ました。私は姉の手をきつく握りながら、身を出来るだけ低く下げてじっとしていました。

叢《くさむら》の中で息を潜めて隠れていると、ブーンとまた戦闘機がやって来て、姉が撃たれたんです。あと三十センチほど横に弾が逸れていたら、撃たれたのはきっと私だったと思います。その場で、小さくお母さんと呟きながら、手を繋いでた姉の手がどんどん冷たくなっていって、私は声をかけたかったのですが、まだ戦闘機が飛んで来ていたんで、最後に言葉を伝えることが出来なかったんです。

うっと声をあげて人が側で倒れたり、木の陰に入ろうと立ち上がった人が撃たれる姿も見ました。

あの時の飛行機のモーター音と、ピシピシと地面に小石を蹴り上げるようにして当たる弾の音を、今まで何度夢に見たか分かりません。顔が半分無い人、子供を抱いたまま仰向けになっている人、手や足が吹き飛ばされた人、血を口から吹きながら助けてと何度も言っている人がいて、あの時は地獄を見たと思ったんです。

草陰に隠れていたわずかな人たちが生き残りまして、姉は私の手首をぐっと掴んだまま亡くなっていました。

夕方近くになって、近くで生き残った大人が、私の手を引いて家まで送ってくれたんですが、家は既に焼けていました。

その日の空襲で、千人以上の人が城北公園で亡くなりまして、その時の遺体を集めて公園の北側の淀川河川敷でガソリンをかけて火葬したんです。

遺骨はそのまま地中に埋めまして、長いことそのままだったんですが、戦後になって、その上に慰霊のために有志の方の手引きによって〝千人つか〟を建てました。

戦時中の大阪は、空襲と火事に追い立てられた日々のことしか殆ど覚えてないんです。

親も戦争で亡くしまして、親戚の工場にやっかいになってたんですが、仕事がきつくて、何度布団の中で声を殺して泣いたか。

でも辛い中でも辛抱出来た理由はね、姉がじっと掴んでいた手首にね、時々痣《あざ》のように姉の顔が浮き出て見えることがあったからです。

手首がぎゅっと掴まれたみたいな感触があって、じっと見ていると姉の顔が、浮き出てきて笑うんです。頑張れよとでも励ますように、目を細めて私を見て笑ってくれたんです。

子供の時分しか見えなかったけれどね、それだけでも、どれだけ励まされたか。

薄く腕に出て来た姉の顔に、そうや負けん！　かならずやったるぞ！　と誓ってね、歯を食いしばって、私は生きて大人になれたんです。

あの日の空襲ですが、姉以外の大勢の方も亡くなりました。

若い女性が多くおって、さぞや無念やったと思います。

戦後もう七十年以上経ちますが、幽霊話はよく聞きます。私も姉が手首に現れるのを見てきたわけなので否定はしません。

ただ見た人は、怖いというより、悲しいと感じる人が多いようですね。

〝千人つか〟に手を合わせる若い人をこないだも見かけたんで声かけたら、スケートボードで夜近くで遊んでいたら、綺麗な女の子が千人つかの石を抱きしめて泣いていて、気が付いたら自分もたまらなく悲しくなって泣いてしまっていた。

それ以来ここに来て時々手を合わせていると聞きました。

他にもね、散歩していたら、子供の姿の防空頭巾をかぶった幽霊が、後をずっとついて来て最後にばいばいと小さな手を振って消えたとか。

みんな寂しいんだと思います。だから、なるべく私も行くようにしてるんです。

私も死んだらあの辺で化けて出そうな気がするんで、その時は線香の一本でも上げてください」

この話を聞いて、私も千人つかに行ってみた。すると手を合わせていたカップルがいたので、声をかけてみた。

二人が言うには、夏の夜に花火をしていたら、ビシッと鞭がしなるような音が聞こえ、花火を持っていた右手に鋭い痛みが走った。風もないのに何故か、木の枝がざわざわと激しく揺れていて、ここにいちゃいけないと感じて走って逃げた。

でも、何か変につかの方が気になり戻ってみて、空襲被害の碑文があったので読んだ。それ以来なんとなしに通りかかるとここで手を合わせているということだった。

大阪市の旭区のサイトによると「当時は戦争に関しての報道は、写真はおろか空襲に関しての現状の様子等はきびしく管制されており、只人々の個々の記憶によるものだけである」と記されていたので、当時の犠牲者が何かを伝えたくて、時折現れているのかも知れないと思う。

犬鳴山

犬鳴山《いぬなきさん》はおよそ千三百年以上前に、役《えん》の行者《ぎょうじゃ》によって開山された修行場で、地名の由来となった悲しい伝説が残っている。

天徳《てんとく》元年（九五七年）紀州の猟師が山中の滝の近くで立派な鹿を目にし、射ようとしたのだが、連れていた愛犬がうるさく吠えたてたので逃げてしまった。

獲物を取り逃がした猟師は、犬が注意しても全く吠え止まないので、腰に下げていた匕首を抜いた。耳障りなほど煩く吠え続ける犬は、猟師が脅してもいうことを全く聞かず、これでは狩りが出来そうにないのでカッとして首を撥ねた。

赤い血しぶきが散り、犬の首はそのまま舞い上がり、猟師を背後から呑もうと狙っていた大蛇に噛みつき、蛇とともに息絶えた。

愛犬が吠えたのは、主人を救おうとしたためだったのだと知った猟師は、悔いて修行者となり、愛犬を供養し塚を山中に建てた。

この時より宇多帝《うだてい》がこの地の呼び名を犬鳴山と定めたという。

悲しい犬鳴山伝説にちなみ、大阪府出身の漫画家ユニット・ゆでたまごがデザインした、ご当地、泉佐野市のゆるキャラであるイヌナキンもいる。

もしかすると日本全国でゆるキャラの居ない地は、殆ど無いのかも知れない。

そんな犬鳴山は大小合わせて四十八の滝があり、滝に打たれる修験場として知られていて、今も滝行を行なっている人が多い。


これは病院に勤務している永井さんから聞いた話。


永井さんは、女性でも修行が可能と聞き、犬鳴山にやってきた。

人間関係のいざこざに疲れ、修験道についての知識はなにも無かったけれど一度滝に打たれてみれば、自分の中に溜まった鬱憤も流されて、気分が少しは軽くなるんじゃないだろうかと思って、インターネットで一日修行体験を申し込んだのだ。

多少は登山経験もあったし、体力に自信のあった永井さん。修行体験なんて軽いと思っていたらしいが、すぐにそれは大きな間違いだと気づかされたそうだ。

その日、体験修行に集まった女性は六名ほど、中にはどう見ても七十を超えているように見える参加者の姿もあり、ちろちろっと水の出る滝に当たってお経を唱えて終わりだろうと永井さんは思っていた。

修行の流れは、最初に宝瀧寺の本堂でご本尊さまに礼拝し、勢いよく燃える護摩の炎の前で勤行を行なった。そして皆が白い修行装束に着替えると、寺の外に案内され、少し山道を歩くと、そこにはつるんとした岩の壁の真ん中に、細い鎖が一本下がっていた。

先頭の修験者はするすると簡単そうに鎖をつたって、あっという間に上の方に行ってしまった。付いて来て下さいと言われ、次々と皆が鎖を難なく登っていったのだけれど、永井さんはどう頑張っても少しずつしか進めなかった。

整備された登山道ではなく、鎖をしっかり持って手繰り寄せながらよじ登るしかない岩場だ。必死に落ちないようにして強く鎖を握っていた永井さんの両手には、すぐに血豆が幾つも出来てしまった。鎖を必死の思いでよじ登り、これで終わりかと思いきや、まだ行程の入り口に過ぎないと言われた。そこからは数センチ幅の崖っぷちを、岩に指で張り付くように摑みながら進んだ。

落ち葉で滑りやすい場所も多く、風も吹きつけていた。下を見ると目もくらむような高さだ。ちょっとでも手を滑らせたら谷底まで落ちて死んでしまうに違いない。

参加したことを後悔しながらも、今までの自分の中に溜まった嫌なものを払拭するために来たんだから、もう少しだけ頑張ろうと、なるべく下を見ないようにしながら、そろそろと長い時間をかけて進むと、急に視界の開けた場所に出た。

その場で修験者の人が、修行体験者を前にこう言った。

「ここで捨身《しゃしん》の行《ぎょう》を行ないます。命綱一本だけで体を乗り出し、断崖絶壁を覗き見るという修行です」

高所恐怖症の永井さんは、ここまで来るだけでも大変だったので、これには参加するかどうかかなり迷ってしまった。案内役の先達《せんだつ》と呼ばれるベテラン修験者に、体に命綱を巻いてもらうところまでは挑戦出来たのだけれど、崖の近くに寄ると足がすくみ涙が出てしまったので、他の参加者を見るだけにしようと決めた。

不参加になってしまったことで、もやもやする気持ちがあったけれど、その分滝行を頑張ろうと決め、岩場を伝いながら山道を滝に向かって降りた。

滝に着くと、先達が鎖をしっかりとつかむように、落石があれば落石と叫ぶので、避けるように注意して欲しいという注意事項を伝えられた。

見ているだけなら、白い無数の生糸が垂れているように見える、涼し気で美しい滝の流れは、その中に身を浸してみると、永井さんが最初感じたのは痛みだった。

鎖を必死に持っていないと押し流されてしまいそうな強さの水圧の痛さと寒さに、身を震わせながら鎖を持って、永井さんはひたすら南無と唱え続けた。

滝からは水だけでなく、小石や枝も落ちてくる。目も開けられず唇も震え、殆ど声も出せない。もう限界だと根を上げそうになった時に、もう大丈夫よ、と先達に言われ、滝から出て体を拭いた。

永井さんが空を見上げると青く、鳶が円をかくように飛んでいた。体温が上昇してきたのか、体がぽかぽかと温かくなり、山の風が心地よい。たった一日の修行体験で、悩みは整理出来たかというとそうでは無かったが、職場のことを思うだけで嫌な気分になっていた永井さん。今は職場を思っても気持ちが以前ほどは憂鬱になっていないことに気が付いた。滝の流れが少しだけ悩みを押し流してくれたからだろうかと考えながら、着替えを終え、停めてある車に乗った。

エンジンをかけるために鍵を差し込もうとして、手を滑らせて足元に鍵を落としてしまった。

屈んで鍵を拾い上げようとすると、何か柔らかくて温かいものが鍵と手の間にあった。ん？　と思って永井さんが見ると、そこには何もない。でも、鍵を拾おうとすると、また何かに触れる。

見えない何かがいると気が付いた永井さん。

手探りでその見えない何かを探すと、指先をぺろっと舐める気配があった。温かい小さな舌の気配だった。とっさに手を引っ込めると、それは、くぅんっと鳴いた。

もしかしたらと永井さんは思い、飼っていた愛犬の名前、カイと呼んだ。

カイは永井さん一家がとてもかわいがっていた愛犬で、三年前の夏に事故で亡くなっていた。永井さんのここ最近の憂鬱も、原因の一つは、どんなに疲れて帰って来ても、いつも永井さんの足音を聞くと尾を千切れんばかりに振って出迎えてくれるカイが、もう居なくなってしまったことだった。

カイ？　もう一度永井さんは名前を呼んでみた。すると「ワン」と返事がかえってきた。

永井さんは車の中で、溢れてくる涙を止めることが出来なかった。そして何度も泣きながら愛犬の名を呼び続けた。

返事があったのは一度きりだったそうだけれど、永井さんは確かにカイの存在を感じていたそうだ。

何度も愛犬の名を呼びながら運転席で泣きじゃくっていると、スマートフォンがブーブーと振動して着信を告げた。家からの電話だったので、泣き声をこらえながら永井さんは出た。

電話をしてきたのは永井さんの母だった。

どうしたの、そんな泣き声で。なんかあったの？

母の声を聞き、永井さんは愛犬カイがいるように感じた不思議な体験を伝えた。

すると母は驚きの声を上げた。

あのね、カイがね、電話を引っ張って枕元まで持ってくる夢を見てね、朝起きたら本当に電話が枕の近くにあったの。

前の夜に寝室じゃなくって、座敷に置いてあった充電器に繋いでた筈なのに、これはおかしい。カイが何か言いたいんじゃないかと思って、あんたに電話したのよ。

今あんたどこにいるの？　こんな朝早くからなにしに行ってるの？

永井さんは今、修行体験のために犬鳴山にいると伝え、そのきっかけが職場の悩みだということも母に話した。話しているうちに再び感情と涙が溢れ出て、今まで堰き止めていたものが次から次へと出てくるように感じた。

永井さんは話し終えると、ふうっと体が軽くなっていることに気が付いた。手をぎゅっと握るだけで、力が湧いてくる。夏の朝のような清々しい気持ちで、明日から頑張れるという力で体が満ちているのが自分でも分かった。

永井さんが心の中でカイにお礼を伝えると、指先にふわっと柔らかい毛が当たったように感じた。

それはカイの尾が触れた時の感触にとても似ていたらしい。

ピロティホールの話

森ノ宮ピロティホールというと、関西の怪談ファンなら、稲川淳二《いながわじゅんじ》さんが怪談イベントの会場として利用されることが多いので、知っている人は多いだろう。

ピロティホールの地下は、森ノ宮遺跡展示室になっている。年にたった五日間しかされない、滅多に開かないその展示室で保存されているのは、縄文時代の生活用品や、十一体の遺骨と人骨製の装身具等だ。

ピロティホールの「ピロティ」は、その遺跡を守るために高床式《ピロティ》構造にしたことから名付けられたそうだ。

人骨が発掘当時の姿のまま、移動もされないで展示されている。

そこにある「第三次一号人骨」は大阪市内で発掘された人骨の中では最も古く、説明文によると、十五歳前後の少年の骨だという。

人骨製装身具は、下顎から歯を抜いてネックレスにした物で、大阪市が運営するサイトの教育委員会事務局総務部文化財保護課のページによると、人骨製装身具が完全な状態で残されているのは、全国的に見ても稀少性が高いそうだ。

たいていどこの舞台やホールでも「出る」や「見た」という話はよく聞く。

それは演者が依代《よりしろ》のように一種のトランス状態になっていて、非日常を体験する場所だから、異変を呼び込みやすいのだという意見を聞いたことがある。

ピロティホールでも、不思議な物を見たという話をいくつか聞いた。


「娘のピアノの発表会でピロティホールに行った時に、開場前にね、舞台の上の方にぼんやりと、大きな蛹に似た形の胴体に羽と骨が生えたような形のものが見えたんです。土偶に羽を生やしたようなのというと近いかも知れないです。でも、娘の出番も近かったし、そんなの気にして変なこと言うと周りの人にどう思われるか気になってしまって。でも、本当に見たんです。ビデオカメラを持ってきていたから撮影しようかなと思ったんですけど、娘が見て大事な発表会なのに、暗い思い出になってしまったり、怖がったりするのも嫌だから止めました。騒いでいた人はいなかったので、多分見えていた、いや、気が付いていたのは私だけだと思います」という話や、髪を腰までの長く伸ばした全裸の少年が、トイレで乳房を垂らした老婆と手遊びをしていて、こちらに気が付くと消えたという話だ。

全裸の少年の目撃を伝えてくれた会社員の和田さんは「あの子、縄文人の幽霊だったのではないかと思って。いや、最初っから、あの場所で埋葬されていた骨の存在を知ってたからそうだと頭で結び付けたからかも知れないんですけどね。別の場所で見たら、そうは思わなかったかも」と言っていた。

縄文時代の幽霊というのは初めて聞いたので、珍しい気がする。

以前雑誌の取材で、国際日本文化研究センターの先生から、幽霊は幽霊の知識がないと見られないという話を聞いた。

例えば幽霊は存在しないと言われている宗教の信徒の国だと、幽霊の概念がないので、死んだ人間が化けて出るという話を聞いてもピンと来ないし、イメージするのも難しいそうだ。人は知らない物を見たり感じたりするのは苦手なのだろう。

縄文人がどのような姿をしていて、どんな言葉を発していたのか知っている人は、かなり限られると思う。それでも、見てしまったと語る人がいて、それを縄文人だと思った人がいたというのは興味深い。

怪談を集めているというと、よく幽霊を信じているのですか？　と聞かれることがある。

私はいる、いない、信じる、信じないは置いておいて、不思議な話を集めるのが楽しくてしょうがないのだ。

細い路地の先や、家の本棚の陰、通勤中の道に見かける石碑の裏になにか気配を感じ、そこに物語があって、それを誰かに伝えることが出来ればという思いが、私の怪談収集の源になっている。

幽霊がいようがいまいが、見た、聞いた、体験した人がいる限り、私は収集を続けるだろう。

不思議がない世の中なんて、つまらないし、味気ないと、少なくとも私は強く思っているからだ。

あとがき

この本は『関西怪談』に続く、怪談実話本の単著になります。

大阪にはトータルで二十年ほどいるのですが、調べれば調べるほど面白く、また喋りたい人が多くいる土地柄のおかげか、怪談ネタには全く困りそうにありません。

今回はコロナ禍の中で、いつものような形式の取材は殆ど出来ませんでした。でも、ネットのおかげで普段ではなかなか繋がれないタイプの人たちから、様々な稀少なお話を聞くことが出来た点は良かったと思っています。

中には八十歳を越えた方もいて、私はＺｏｏｍやＳｋｙｐｅの設定に色んな人に聞きながらでも苦労してやっとの思いで使っていたのに、皆さんはそつなく簡単に使いこなされていました。

コロナで人と直接会えず、寂しいという人も多くいて、そんな中「怖い話を思い出しながらしてるとね、楽しくなってきちゃう。もっと話したい」と、言ってくれる人もいました。

怪談とは不思議なもので、一つ集まると次から次にわらわらと話が集まってきます。

もっと書きたかった話や、入れたかった話が多くあるので、大阪怪談シリーズとして何冊も続けて出せることを願っています。

こんな怪談があったよという方は、気軽にTwitter（@Seia_Tanabe）か竹書房宛で田辺青蛙に連絡をください。

いつでも怖い話や不思議な話は大歓迎です。

大阪市内の自宅にて　田辺青蛙

参考文献一覧

『大阪城ふしぎ発見ウォーク　増補版』大阪城天守閣研究主幹　北川央（フォーラムA）
『都島区史』大阪都市協会／編（都島区制五十周年記念事業実行委員会）
『大阪発展史』宮本又次（大阪府史編集資料室）
『てんま - 界隈 -（風土記大阪 第3集）』宮本又次（大阪天満宮）
『上方：郷土研究　巻33号』上方郷土研究会／編輯（創元社）
『角川日本地名大辞典27　大阪府』「角川日本地名大辞典」編纂委員会／編（角川書店）
『大阪発見』織田作之助　青空文庫・Kindle版
『旭区史』大阪都市協会／編（旭区創設五十周年記念事業実施委員会）
『茨木市史』茨木市史編纂委員会／編（茨木市役所）

初出

「石切の下宿屋であった話」幻冬舎Plus
「ごて地蔵」怪談四十九夜 鬼気（加筆）
「幽霊画の話」怪談四十九夜 鬼気（加筆）
「いけにえ」瞬殺怪談 碌（加筆）
「扇町公園の怪談」瞬殺怪談 碌（「フェンス」改題に加筆）

大阪怪談

2021年3月6日　初版第1刷発行

著者　田辺青蛙
企画・編集　中西如（Studio DARA）
発行人　後藤明信
発行所　株式会社 竹書房
〒102-0072 東京都千代田区飯田橋2-7-3
電話03（3264）1576（代表）
電話03（3234）6208（編集）
http://www.takeshobo.co.jp
印刷所　中央精版印刷株式会社

定価はカバーに表示しています。
落丁・乱丁本の場合は竹書房までお問い合わせください。

ISBN978-4-8019-2501-4 C0193